Daidôji Yûzan **Samurai Beat: Der Zen-Krieger.**

Daidôji Yûzan

Samurai Beat

Der Zen-Krieger

(Budô shoshin shû)

Angkor Verlag

Samurai Beat: Der Zen-Krieger. Das Buch zum Film Brother./Daidôji Yûzan. Übersetzt aus dem *Budô shoshin shû* und mit Filmkritiken von Guido Keller. – Frankfurt: Angkor Verlag, 2001.

Umschlag: Postermotiv und Schriftzug zum Film *Brother*
© Advanced Film-Verleih

Verlagslogo: Yumi Machiguchi
Herstellung: Books on Demand GmbH

Kontakt: verlag@angkor.de
Website: www.angkor-verlag.de

ISBN: 3-8311-1317-3

Inhalt

*„In Bezug auf Frauen bin ich nicht sorglos. Ich weiß, wie mächtig sie sein können. Es ist, wie wenn ich Bodhisattvas sehe. Sie können Furcht einjagen und bestrafen."**

Der Samurai-Beat

Was hat „Beat" Takeshi, der Komiker und Filmregisseur, den man in Japan aus Dutzenden von TV-Shows kennt, mit den Samurai zu tun? Was sein Film *Brother* mit dem Erziehungsklassiker *Budô shoshin shu* (Einführung in den Weg des Kriegers), der im folgenden übersetzt wird? Eigentlich so viel wie Jim Jarmuschs *Ghost Dog* mit *Hagakure,* einem anderen Standardwerk der Samurai. Doch weil Kitano nicht aus Büchern vorlesen lässt und ihn hierzulande mehr Menschen durch seine witzige Show *Takeshis Castle* kennen, nicht aber als Gesellschaftskritiker, der in seiner Heimat des Öfteren an alte Werte erinnert - wobei er sogar in Interviews das meist mehr zwischen den Zeilen als explizit tut –, werden die Parallelen seiner innerfilmischen Beziehungen zu Strukturen und Tugenden der alten japanischen Gesellschaft gern übersehen, wie sie etwa in Kurosawas Filmen uns viel offensichtlicher nahegebracht werden. „Wenn Menschen heute nach Japan schauen, beginnen sie die Seele zu verstehen, die wir Japaner vor vielen Dekaden verehrten, doch heute beinahe vergessen haben."

---

* Alle Zitate stammen (hoffentlich) von Takeshi Kitano und sind übersetzt aus: Brian Jacobs (Hg.), *„Beat" Takeshi Kitano* (Tadao Press 1999). Im Haupttext wird für Namen die japanische Schreibweise benutzt, d. h. der Nachname kommt zuerst. Bei Kitano hat es sich anders herum eingebürgert.

Kitanos Figuren machen schreckliche Dinge, sie stehlen, vergewaltigen, erpressen, morden, besonders in den vergleichbaren *Violent Cop, Boiling Point* und *Sonatine,* die ihn im Westen zuerst einem Videopublikum bekannt machten. *Brother* wirkt wie eine Zusammenfassung dieser drei Thriller. Kitano drehte ihn mit Geldern des britischen Produzenten Jeremy Thomas und siedelte seine Geschichte in den USA an. Tatsächlich gelingt es ihm, keine Abstriche zu machen wie all die anderen hier spät entdeckten asiatischen Könner, John Woo, Jackie Chan, Chow Yun-Fat, Jet Li, Ringo Lam usw. Alle haben sie „verloren“, keiner von ihnen hat mit einem in den USA vollendeten Werk an die Highlights heranreichen können, die sie in Asien drehten. Die Unverbiegbarkeit von Kitanos Autorenkunst belegt seine wahre Größe. In *Brother* steckt Takeshis typisches Gemisch von Gewalt und Gefühl. Wer vor *Brother* noch keinen Kitano-Film gesehen hat, wird sie alle sehen wollen, und wer sie schon alle zu kennen glaubt, wird besonders in zwei Szenen neue Hinweise darauf bekommen, dass Takeshi ein moderner Samurai ist. Dann nämlich, wenn seine Gefolgsleute im Film sich für ihn opfern – einmal auf moderne, einmal auf traditionelle Weise. Die Tibeter behaupten, der Action-Held Steven Seagal, der bei aller Aikido-Meisterschaft doch stets recht selbstbezogen wirkt, sei die Wiedergeburt des großen Heiligen Chokden Dorjee und die Verkörperung eines Buddha und erkennen ihn als Tulku, als spirituellen Führer an.* Wäre es da vermessen, Takeshi Kitano als einen Zen-Meister zu bezeichnen? Wie diese Meister in alten Zeiten benutzt auch er *punch lines,* ent-

---

* siehe Jeff Dawson in: *The Guardian* vom 27.03.98.

scheidende Bemerkungen, um die Betrachter (Zuhörer) wachzurütteln. Selbst die Gewalt kommt meist so unvermittelt daher, dass sie unsere Erwartungshaltung und unser rationales Denken sprengt. „Beat“ Takeshi, der komische Moralist, der mit *Kikujiros Sommer* doch gerade erst eine anrührende Beziehung zwischen einem erwachsenen Müßiggänger und einem vereinsamten Kind erzählte, will sich nicht auf ein Image festlegen lassen und hebelt die Vorstellungen auch japanischen Anstandes aus, wenn er bei Fernsehauftritten seine Genitalien entblößt und in seinen Filmen Frauen wie Wegwerfprodukte behandelt. „Ich bin wie ein Krebsgeschwür in der japanischen Filmindustrie“, sagt er von sich selbst.

In keinem seiner Werke hat Takeshi Kitano die Ähnlichkeiten des Beziehungsgeflechts der japanischem Mafia, der Yakuza, mit den Feudalstrukturen alter Samuraizeiten so herausgestellt wie in *Brother.* Auch im Leben außerhalb der Leinwand finden wir Hinweise auf Takeshis moderne Samurai-Existenz. Fans seiner frühen Radioshows, die ihn als großen Bruder betrachteten, versammelten sich regelmäßig in der Nähe des Senders, für den Takeshi arbeitete. Sie wurden als Gehilfen von ihm angestellt, nannten sich selbst *Gundan* (Takeshis Armee) und redeten ihn als *Tono* (Mein Fürst) an. Eines Nachts im Jahre 1986, als die Gruppe sich in einer Kneipe betrank, erinnerte sich Takeshi daran, dass gerade Jahrestag des Überfalls von Chûshingura war, wo Kuranosuke Oishi 47 Rônin zu einem Angriff auf das Anwesen Kiras führte, um seinen Herren zu rächen. Takeshi wollte das historische Ereignis, das jedem in Japan ein Begriff ist, parodieren. Er beschloss, mit seiner

„Armee“ in die Büros eines Print-Magazines einzubrechen, weil es ein Foto seiner Geliebten veröffentlicht hatte. Sie sprühten die Räume mittels Feuerlöscher ein. Takeshi wurde festgenommen und begründete seine Aktion damit, dass seine Freundin ein Recht auf Privatleben habe.

Mag sein, dass nach seinem schweren Motorradunfall in den Neunzigern, einem offensichtlichen Selbstmordversuch, die Nahtoderfahrung, die er dabei machte, nicht nur seine zahlreichen Gemälde mit Engelsmotiven inspirierte, sondern auch die Botschaft, die *Brother* am Ende zu vermitteln scheint. Denn dort, wo Schnellschuss-Kritiker gerne zusammenfassend formulieren, der italienischen Mafia sei die japanische Yakuza in den USA nun eben doch nicht gewachsen, sagt uns Kitanos Figur eines Gangleaders doch viel mehr. Zuerst verschont er das Leben des Mafiabosses, nachdem er ihn ausreichend gedemütigt hat. Doch genau der Mafioso ist es dann, der ohne jeden Respekt vor der Gnade seines Kontrahenten bitter Rache nimmt. Und so wie sich der Yakuza, an das Finale von *Butch Cassidy and The Sundance Kid* gemahnend, todesverachtend dem Feind stellt, wissen wir, dass er mit einer Welt, in der seine Werte nichts mehr zählen, selbst nicht mehr existieren möchte. Diese Szene ist wie eine Metapher auf den Zweiten Weltkrieg, in dem die Japaner in Pearl Harbor zunächst die USA demütigten. Nachdem sie den Amerikanern mittels Kamikaze-Fliegern und *Seppuku** begehenden Offizieren gezeigt hatten, was einen wahren Krieger ausmacht – Todesverachtung und Loyalität dem Kaiser gegenüber – war ihnen offenbar auf kon-

* Ritueller Selbstmord.

ventionellem Weg nicht mehr Angst zu machen. So wurden sie schließlich von der größtmöglichen Gewalt niedergezwungen, die damals vorstellbar war, den Atombomben auf Hiroshima und Nagasaki. Da ist es wirklich frech und genial, auf amerikanischem Boden einen Film zu drehen, der eine wortkarge Infusion der Überlegenheit traditioneller japanischer Werte über die primitive Gewaltbereitschaft von Westlern legt. Einzig der mir beim ersten Sehen zu lang erscheinende Schluss leuchtete mir nicht ein. Geld ist nicht alles, ja; man gibt es einem Freund, wenn man es nicht braucht, okay. Aber da war noch was. Je länger Omar Epps am Steuer des Wagens über das Geld nachdachte, desto mehr verlor es an Wert. So funktionieren Kitanos Filme. All die Gewalt, die Pädagogen gern als sinnlos ansehen, löst sich hier tatsächlich auf in einem jammernden Geheul, das sich nach tiefen Bindungen sehnt, die heute unmöglich erscheinen.

Den Tod bedenken

Bei Tag und Nacht, vom Neujahrsmorgen, wo er die Stäbchen in die Hand nimmt, um sein Frühstück zu essen, bis zum Jahresende, wo er seine Schulden begleicht, soll ein Samurai daran denken, dass er sterben muss. Wenn er sich dessen immer bewusst ist, wird er im Einklang mit dem Weg der Loyalität und Blutsbande sein, Myriaden von Missgeschicken meiden, frei von Krankheit und Unglück bleiben und ein langes Leben genießen. Er wird sich zu einer wohlerzogenen Persönlichkeit mit vielen bewundernswerten Eigenschaften entwickeln. Unsere Existenz ist unbeständig wie der Abendtau und der Morgenreif, besonders ungewiss jedoch ist das Leben des Kriegers. Wenn er sich damit tröstet, seinem Fürsten ewig dienen und seinen Verwandten ewig ergeben sein zu können, kann es leicht passieren, dass er gerade seine Pflicht gegenüber dem Fürsten und die Verantwortung gegenüber seiner Familie vernachlässigt. Wenn er sich jedoch nur auf das Leben am heutigen Tag konzentriert und nicht an Morgen denkt, wird er die Befehle seines Fürsten entgegennehmen, als sei es das letzte Mal. Und wenn er in die Gesichter seiner Verwandten sieht, wird er sich fühlen als würde er sie niemals wiedersehen. Dann wird sein Dienst und seine Sorge um sie in beiden Fällen völlig gewissenhaft und sein Geist im Einklang mit dem Weg der Loyalität und Blutsbande sein.

Wenn der Samurai nicht an den Tod denkt, wird er sorglos und indiskret Dinge aussprechen, die andere beleidigen. Kümmert sich niemand darum, mag das gut gehen, doch wenn ein anderer sich daran stört, kann das in einem Streit enden. Wenn der Samurai sich etwa ohne die rechte Zurückhaltung in Vergnügungsvierteln herumtreibt oder Sehenswürdigkeiten an belebten Plätzen besucht, kann er an einen großen Tölpel und unversehens in einen Streit geraten, ja sogar getötet werden, wodurch der Name seines Fürsten ebenfalls mit dem Zwischenfall verbunden würde und seine Eltern und Verwandten Vorwürfen ausgesetzt wären.

All das mag geschehen, weil der Samurai nicht den Tod in seinen Gedanken bewahrt. Berücksichtigt er jedoch den Tod, wenn er selbst das Wort ergreift oder anderen antwortet, wird er jedes Wort bedenken und keine sinnlosen Streitereien verursachen. Er wird auch niemandem gestatten, ihn an ungeeignete Orte zu locken, wo er plötzlich mit einer peinlichen Situation konfrontiert werden könnte. So vermeidet er Unannehmlichkeiten. Wenn Höhergestellte oder Untergebene den Tod vergessen, neigen sie dazu, Essen, Wein und Frauen im Übermaß zu genießen, so dass sie unerwartet früh an Krankheiten der Nieren und Wirbelsäule sterben oder noch während ihres Lebens nutzlos für andere werden. Wer sich den Tod vor Augen hält, wird stark und gesund sein, die Wege der Frauen meiden, maßvoll essen und trinken und enthaltsam in allen Bereichen sein, wodurch er frei von Krankheit bleibt und ein langes und gesundes Leben führen kann.

Jemand, der lange in dieser Welt lebt, mag alle Arten von Begierden annehmen, seine Habsucht mag so anwachsen, dass er das will, was anderen gehört und es nicht ertragen kann, sich mit dem zu begnügen, was er besitzt, wodurch er wie ein Händler wird. Wenn jemand aber stets dem Tod ins Gesicht blickt, wird er kaum materiellen Dingen anhängen und diese habsüchtigen Taten nicht ausführen. So wird er zu einem wohlerzogenen Charakter. Yoshida Kenkô* sagt im *Tsurezuregusa* über den Mönch Shinkai, dass dieser den ganzen Tag in Meditation gesessen und über sein Ende nachgesonnen habe. Das ist zweifellos eine angemessene Einstellung für einen Einsiedler, nicht jedoch für einen Krieger. Denn der würde seine militärischen Pflichten und den Weg der Loyalität und Blutsbande vernachlässigen, wo er doch im Gegenteil ständig mit seinen öffentlichen und privaten Angelegenheiten beschäftigt sein sollte. Wann immer er ein wenig Freizeit für sich findet und zur Ruhe kommen kann, sollte er zur Frage des Todes zurückkehren und sorgsam darüber nachdenken. Wurde nicht berichtet, wie Kusunoki Masashige seinen Sohn Masatsura beschwor, sich immer den Tod vor Augen zu halten? All das dient der Unterweisung insbesondere von jungen Samurai.

Erziehung

Der Samurai steht an der Spitze der drei Gesellschaftsschichten und ist für die Verwaltung verantwortlich, weswegen es seine Pflicht ist wohlerzogen zu sein und ein breites Wissen vom Grund der Dinge zu haben. Während der Bürgerkriege zogen junge Krieger mit fünfzehn oder

---

* ca. 1283-1352, auch unter dem Namen Urabe Kenkô bekannt, Verfasser von Lyrik und Prosa. Sein berühmtestes Werk ist *Tsurezuregusa,* das um 1330 verfasst wurde.

sechzehn Jahren aufs Schlachtfeld, weshalb ihre militärische Ausbildung schon mit zwölf, dreizehn beginnen musste. Weil sie keine Zeit hatten, ein Buch zu lesen oder sich in Kalligrafie zu üben, waren sie oft recht ungebildet. Tatsächlich gab es zu dieser Zeit viele Samurai, die nicht ein einziges chinesisches Schriftzeichen schreiben konnten. Ob aus eigener Neigung oder durch falsche Anleitung ihrer Eltern, nichts wurde dagegen getan, weil ihr ganzes Leben dem Weg des Kriegers gewidmet war. Nun aber herrscht Frieden im Land, und obwohl man nicht behaupten kann, dass die Nachkommen der Samurai-Familien desinteressiert an militärischer Ausbildung seien, werden sie doch ganz sicher im Alter von fünfzehn, sechzehn in eine Kriegerlaufbahn gedrängt, genau wie die Samurai früherer Zeiten. Darum sollte ein Junge schon im Alter von sieben oder acht in die Vier Bücher, die Fünf Klassiker und die Sieben Texte eingeführt werden und Kalligrafie-Unterricht erhalten, damit er sich später erinnert, wie man schreibt. Mit fünfzehn oder sechzehn sollte er Bogenschießen, Reiten und all die anderen Kriegskünste erlernen. So sollte ein Samurai seine Söhne in Friedenszeiten erziehen. Für Analphabetentum gibt es in seinem Fall keine Entschuldigung wie einst für den Samurai in Bürgerkriegszeiten. Die Kinder dürfen nicht für einen Mangel an Erziehung gescholten werden. Daran ist nur die Nachlässigkeit und Unfähigkeit der Eltern schuld, die den wahren Weg der Zuneigung zu ihren Kindern nicht kennen.

Blutsbande

Ein Samurai sollte sein Verhalten auf einen starken Sinn für Blutsbande gründen. Wie talentiert, gescheit, beredt und schön jemand auch geboren sein mag, wenn er seiner Sohnespflicht nicht nachkommt, ist er nutzlos. *Bushidô,* der Weg des Kriegers, erfordert ein korrektes Verhalten in jeder Hinsicht. Wenn man nicht unterscheidet, wird man nicht wissen, was richtig ist. Wer nicht weiß, was richtig ist, kann kaum ein Samurai genannt werden. Wer allerdings völlige Einsicht gewinnt, erkennt seine Eltern als Urheber seines Daseins und dass er Teil ihres Fleisches und Blutes ist. Gerade der Hang, uns selbst zu verwirklichen, läßt uns manchmal vergessen, dass unser Handeln elterlichen Ursprungs ist. Darum benötigt man Unterscheidungskraft der Reihenfolge von Ursache und Wirkung.

Beim Erfüllen der Pflichten gegenüber den Eltern kennt man zwei Arten. Die erste betrifft Eltern, deren Einstellung ehrlich ist und die ihre Kinder mit aufrichtiger Freundlichkeit erziehen, ihnen den ganzen Besitz einschließlich eines überdurchschnittlichen Einkommens überlassen, ferner Waffen, Zaumzeug, Schätze aus dem Haushalt und die gute Ehen für sie in die Wege leiten. Wenn solche Eltern in den Ruhestand treten, ist es weder lobens- noch bemerkenswert, wenn sich ihre Kinder um sie kümmern und sie mit Bedacht behandeln. Selbst einem Fremden, der unser vertrauter Freund wird und uns hilft, fühlen wir uns zugeneigt und tun alles für ihn, auch wenn es unseren eigenen Interessen entgegenstehen mag. Wie stark muss da das

Band der Zuneigung zu unseren Eltern sein? Wie viel auch immer wir für sie tun und dabei unsere Kindespflicht erfüllen mögen, wir kommen nicht umhin, solches niemals als ausreichende Gegenleistung zu empfinden. Das ist nur die gewöhnliche Kindespflicht und noch nichts Bemerkenswertes. Dann gibt es allerdings die Eltern, die unfreundlich und mürrisch sind und stets herumnörgeln, die darauf bestehen, dass der Hausstand ihnen gehört und ihren Kindern nichts abgeben und die ohne Rücksicht auf ihre unzureichenden Mittel ständig aufdringlich Essen, Trinken und Kleidung fordern. Wenn sie andere Menschen treffen, sagen sie etwas wie: „Mein nichtsnutziger Sohn kümmert sich nicht um mich, darum muss ich mit allerlei Unannehmlichkeiten fertig werden. Ihr habt ja keine Vorstellung, was für eine schlimme Zeit ich auf meine alten Tage durchmache." So reden sie vor Fremden schlecht von ihren Kindern. Selbst solch streitsüchtige Eltern müssen jedoch als Eltern behandelt, ihr böses Gemüt beschwichtigt und ihre Altersschwäche bedauert werden, ohne ein Zeichen des Ärgers zu zeigen. Sich für solche Eltern aufs Äußerste anzustrengen ist wahre Kindespflicht. Und ein Samurai, der diesen Geist beim Antritt seines Dienstes für den Fürsten besitzt, wird den Weg der Loyalität genau verstehen und nicht nur verwirklichen, wenn sein Meister im Wohlstand lebt, sondern auch, falls dieser in Schwierigkeiten gerät. Er weicht nicht von der Seite seines Fürsten, selbst wenn dessen hundert Reiter auf zehn reduziert wurden und diese zehn auf einen, sondern wird ihn bis zum Schluss verteidigen und sein eigenes Leben verachten, womit er seine Treue als Krieger erfüllt. Die Begriffe „Eltern", „Fürst", „Sohnespflicht" und „Loyalität" werden zwar unterschieden, bedeuten aber eigentlich das Gleiche. Die Alten sagten: „Sucht loyale Gefolgsleute unter denen, die ihren Eltern treu sind." Wenn jemand seinen Sohnespflichten gegenüber den Eltern, von denen er doch abstammt, nicht gerecht wird, kann er nämlich kaum einem Fürsten aus reiner Dankbarkeit loyal dienen, wo ihn doch keine Blutsbande mit ihm verbindet. Wenn ein untreuer Sohn den Dienst für einen Fürsten antritt, wird er jeden Fehler seines Meisters kritisieren, und wenn er nicht mehr mit ihm einverstanden ist, einfach seine Verbindung zu ihm aufkündigen und in einem kritischen Augenblick sich davonmachen oder seinen Fürsten hintergehen, indem er zum Feind überläuft. Es gibt zu allen Zeiten Beispiele für solch unehrenhaftes Verhalten, das mit Abscheu gemieden werden muss.

Die vier Sektionen

Im *Bushidô* existieren zwei Bereiche und vier Sektionen. Die zwei Bereiche sind der gewöhnliche und der außergewöhnliche; der gewöhnliche ist in die zwei Sektionen der Beamten und Soldaten unterteilt, der außergewöhnliche in die zwei Sektionen der Armee und Kriegsangelegenheiten. Für die Sektion der Samuraibeamten gilt, dass sie morgens und abends ihre Hände und Füße waschen, ein heißes Bad nehmen und sich auf diese Weise sauber halten müssen. Ein Samurai muss jeden Morgen sein Haar richten und das Haar über seiner Stirn angemessen kurz rasieren. Weiter muss er stets ein feierliches Gewand, das dem Anlass angemessen ist, natürlich seine beiden Schwerter und einen Fächer in seinem Gürtel tragen. Wenn er einen Gast empfängt, muss er diesen mit der seinem Rang gebührenden Höflichkeit behandeln und von eitlem Geschwätz lassen. Selbst wenn er eine Schale Reis oder eine Tasse Tee nimmt, muss das wachsam und ohne Schlampigkeit geschehen. Wenn er außer Dienst ist, soll er sich nicht dem Müßiggang hingeben, sondern etwas lesen, Schreiben üben und seinen Geist mit alter Geschichte und den Ratschlägen der Kriegerfamilien füllen, sich kurzum also stets so verhalten, wie es einem Samurai angemessen ist.

Die nächste Sektion ist die der Soldaten. Sie behandelt die Übung des Schwert- und Lanzenkampfes, Reitens und des gleichzeitigen Schießens mit Bogen und Büchse sowie alles andere, was zur Kriegskunst gehört und mit Begeisterung studiert und geübt werden muss, so dass alle Soldaten diszipliniert und von entschlossenem Charakter sein werden. Wenn diese beiden Kodexe der Samurai und der Soldaten richtig verstanden wurden, ist der gewöhnliche Bereich damit erfüllt. Das würde den meisten Menschen als ausreichend für einen guten Krieger oder Beamten erscheinen. Doch ein Samurai ist ein Beamter unter außerordentlichen Bedingungen, und wenn sich das Land in Unordnung befindet, muss er die gewöhnlichen Regeln beiseite lassen und unter seinem Fürsten als Kommandant dienen, während die größeren und kleineren Gefolgsleute Beamte und Soldaten werden. Dann legen alle ihre festlichen Gewänder ab und ihre Ausrüstung an und nehmen die Waffen zur Hand, um ins feindliche Gebiet vorzudringen. Die verschiedenen Methoden, die Dinge bei solch einem Feldzug zu erledigen, sind als Kodex der Armee bekannt. Der Samurai muss ihn ebenso kennen wie den Kodex der Kriegsangelegenheiten, der die Methode darstellt, mit der Armee umzugehen, wenn sie in Kontakt mit dem Feind kommt und die Schlacht ausbricht. Wenn sich die Dinge planmäßig entwickeln, folgt der Sieg, wenn nicht, erleidet man eine Niederlage. Wer in allen vier Sektionen geschult ist, wird als erstklassiger Samurai bezeichnet. Nur in den beiden Sektionen des gewöhnlichen Bereichs erfahren zu sein, mag jemanden für die Aufgaben eines durchschnittlichen Soldaten qualifizieren, doch wer die außergewöhnlichen Sektionen nicht kennt, kann nicht Kommandant oder hoher Beamter werden*.

Der offensive Geist

Ein Samurai sollte bei allen Dingen niemals den offensiven Geist vernachlässigen. Unser Land unterscheidet sich von anderen, weil selbst Bauern, Händler und Handwerker irgendein rostiges Schwert tragen. Darin offenbart sich der Kriegergeist dieses Reiches Nippon. Diese drei Klassen stellen keine Berufssoldaten, doch in den Soldaten-Familien ist es selbst für den geringsten Diener üblich, niemals ohne Kurzschwert zu sein. Noch eher muss der höhere Samurai stets sein Schwert im Gürtel tragen. Einige besonders Eifrige nehmen gar ein stumpfes oder hölzernes Schwert mit ins Bad. Wenn das schon im Hause gilt, wie viel mehr dann, wenn man es verlässt, wo man doch auf

* Die erwähnten Ränge im Japanischen: *monogashira* und *bugyô*.

dem Weg leicht einem Betrunkenen oder anderem Narr begegnen könnte, der plötzlich einen Streit anfängt. Es gibt ein altes Sprichwort: „Wenn du dein Haus verlässt, verhalte dich so, als sei ein Feind in Sicht." Als Samurai, der ein Schwert im Gürtel trägt, darf man also niemals diesen offensiven Geist vergessen. Wenn man das tut, ist der Geist fest auf den Tod gerichtet. Doch der Samurai, der diesen aggressiven Geist nicht aufrecht erhält, ist trotz des Schwertes in seinem Gürtel nichts als ein Bauer oder Kaufmann in der Haut eines Kriegers.

Einsiedler-Samurai

Von alters her ist es üblich, dass Samurai Einsiedler werden, und wahrhaftig besteht zwischen beiden viel Ähnlichkeit. Zum Beispiel gibt es unter Zen-Mönchen diejenigen, welche *zôsu* und *shuza* genannt werden und gewöhnliche Geistliche desselben Standes sind wie die Gefolgsleute der Militärklasse, die nur gewöhnliche Soldaten der Kompanien darstellen. Dann kommen die *tanryô* und *seidô*, einen Rang höher, die mehr oder weniger den *metsuke* oder Hauptmännern der Infanterie oder den Wächtern unter den Samurai gleichen. Unter den gleichen Einsiedlern findet man *chôrô* oder *oshô*, die farbige Roben tragen und Fliegenwedel in ihren Händen halten. Sie besitzen eine Autorität über die gewöhnliche Masse wie der Kommandant der Samurai oder der Infanterie, oder wie die Sechs *bugyô** der Bogenschützen, die ihre eigene Flagge, ihren eigenen Wappenrock und Komman-

* Statthalter, Gouverneure

dostab tragen dürfen, der Armee Befehle erteilen und auf dem Schlachtfeld das Sagen haben.

Lediglich in Bezug aufs Lernen scheinen mir die Gemeinschaften der Einsiedler denen der Samurai weit überlegen zu sein. Der Grund dafür ist die Gewohnheit der Mönche, ihre Lehrer zu verlassen und von einem Tempel zum anderen durchs Land zu reisen, um bei vielen unterschiedlichen Schulen zu studieren und Verdienst in der Übung der Meditation und Tugend anzusammeln. Wenn die Mönche dann *tanryô* und *seidô* oder gar *chôrô* oder *oshô* und zu Äbten großer Tempel und Klöster werden, zieren sie sich nicht ein bisschen, ihre Studien fortzusetzen, um einer weiteren Beförderung für würdig erachtet zu werden.

Diesen Lerneifer würde ich gern unter den Samurai entdecken. Doch selbst gewöhnliche Samurai, ohne Amt und im Außendienst, haben eine Menge Freizeit, ein relativ gutes Einkommen und sind mit dem Nötigen versorgt, so dass einige junge schon Frauen und Kinder haben, während ihre einzige Beschäftigung in Morgen- und Abendnickerchen zu bestehen scheint. Sie haben nicht einmal die beiden Sektionen des gewöhnlichen Bereichs der Samurai studiert, noch weniger wissen sie vom schwierigeren außerordentlichen Bereich; so verschwenden sie selbstgefällig Monate und Jahre, bis ihre Bärte weiß und ihre Köpfe kahl sind. Wenn sie alt genug erscheinen, werden sie ihrer Ämter entbunden, und wenn sie dann zum Beispiel als *tsukaiban* oder Gesandte auftreten, suchen sie sofort die Hilfe eines Kameraden; wenn sie aber in entfernte Provinzen geschickt werden, sind sie wegen der Vorbereitungen auf die Reise aufgeregt und durcheinander und kaum zum Erfüllen ihrer Aufgaben fähig, während sie sich auf Anweisungen von Älteren verlassen und Bücher zu Rate ziehen, was man wirklich nicht als angemessen betrachten kann. Da die Aufgaben der Samurai im Grunde feststehen, sollten sie sich auf sie vorbereiten, wenn sie gerade nichts zu tun haben; wenn sie begabte und erfahrene Beamte treffen, sollten sie auf eitles Geschwätz verzichten und sie nach Dingen befragen, bezüglich derer sie Rat brauchen werden. Sie müssen sich mit allen Fakten vertraut machen und alte Bücher und Pläne sammeln und kopieren, damit sie über alle Punkte ihrer Aufgaben gut informiert sind und jeden Auftrag, den sie bekommen, leicht ausführen können. Wenn man von den Informationen der Älteren und Kameraden abhängt und seine Pflichten nur mit deren Hilfe erfüllt, mag das für gewöhnlich ausreichen, doch in den seltenen Fällen, in denen Ungewöhnliches geschieht, mag man nicht in der Lage sein, Hilfe zu bekommen und muss sich wohl oder übel auf seine eigene Fähigkeit verlassen können, ein Problem zu lösen. Ein Inspekteur der Streitkräfte muss Dinge kennen wie die Anzahl der Feinde, den besten Ort für ein Lager und das Aufstellen der Truppen, die Stärke der Burgen, Vorteile und Nachteile geografischer Gegebenheiten und die Wahrscheinlichkeit eines Sieges, weswegen von alters her diese Aufgabe als schwierig betrachtet wurde. Wenn ein Inspekteur sich verschätzen sollte, wird das meist nur ihm angelastet, während diejenigen mit einem Rang oberhalb des Infanteriekommandanten *(ashigaru taishô),* die den Marschallstab schwingen und die tatsächliche Kontrolle über die Truppen ausüben, für das Leben aller Männer in der Armee verantwortlich sind. Darum ist es tadelnswert, sollten Männer diese hohen Ämter entehren, indem sie in ihnen herumstolzieren, ohne irgendeine Ahnung oder Wissen zu besitzen.

Das ist gerade so, als würde unter Zen-Mönchen einer, der seine Studien als Anfänger vernachlässigte, allein durch die Tugend seines kahlen Schädels und seiner Pensionierung in den Rang eines *chôrô* oder *oshô* erhoben, kostbare Roben und den Fliegenwedel tragen und Autorität über zahllose Glaubensbrüder besitzen. Würde einem unwürdigen Mönch solch hohe Bevorzugung auf unangemessene Art zuteil, wäre er das Gespött der ganzen Gemeinde und öffentlicher Schmach ausgesetzt, wonach er abdanken müsste und seinem Orden keinen Schaden mehr zufügen könnte. Doch mit Samurai, die zu ähnlich hohen Ämtern befördert werden und unfähig zum Befehlen sind, verhält es sich anders, denn sie setzen das Leben aller aufs Spiel, die unter ihnen stehen, und können damit große Verluste verursachen. Sie müssen daher sehr sorgsam studieren, wann immer sie Freizeit haben, um ein vollständiges Wissen der Bereiche von Armee und Krieg zu erwerben, weil sowohl Studium als auch Übung notwendig sind für den, der ein hohes Kommando innehat.

Richtig und Falsch

Ein Krieger sollte Richtig und Falsch vollständig verstehen. Wenn er weiß, wie das eine getan und das andere vermieden werden kann, wird er *Bushidô,* den Weg des Kriegers, erreichen. Und

Richtig und Falsch sind nichts anderes als Gut und Böse, wenn ich auch nicht verneinen würde, dass es zwischen den Ausdrücken einen kleinen Unterschied gibt. Recht zu handeln und Gutes zu tun ist schwierig und wird als ermüdend angesehen, während falsch zu handeln und Böses zu tun leicht und unterhaltsam ist, so dass natürlich die meisten Menschen sich Letzterem zuwenden. Doch so wankelmütig zu sein und keinen Unterschied zwischen Richtig und Falsch zu machen, steht der Vernunft entgegen, so dass jeder, der diesen Unterschied versteht und dennoch tut, was falsch ist, kein richtiger Samurai sein kann, sondern nur eine rohe und ungelernte Person. Die Ursache dafür ist eine zu geringe Selbstkontrolle. Das mag noch nicht so schlimm klingen, wenn wir jedoch genau hinschauen, erkennen wir Feigheit als deren Ursprung. Darum beharre ich darauf, dass es für einen Samurai wesentlich ist, dem Falschen fernzubleiben und am Richtigen festzuhalten.

Im Hinblick darauf, Richtiges zu tun, gibt es drei Abstufungen. Nehmen wir zum Beispiel einen Mann, der eine Reise antritt und seinem Nachbarn vorher einhundert *ryo* Gold anvertraut, die er nicht mitschleppen will. Dieser Mann erzählt sonst niemandem davon. Auf der Reise jedoch stirbt er an einer plötzlichen Erkrankung. Nun weiß niemand sonst von dem Gold. Doch der Nachbar informiert sofort aus Sympathie und Mitleid und ohne jeden bösen Hintergedanken die Verwandten, denen er alles Gold übergibt. Dieser Mensch hat wahrhaftig das Richtige getan.

Im zweiten Fall nehmen wir an, dass der Besitzer des Geldes nur ein paar Bekannte hatte und mit niemandem sonderlich vertraut war, so dass es überhaupt niemanden geben dürfte, der vom Gold wüsste oder danach auch nur fragen könnte. Wenn es nun dem Nachbarn wirtschaftlich nicht gerade gut ginge, würde er das leicht als glücklichen Zufall ansehen können und sich nichts dabei denken, das Gold für sich zu behalten. Doch dann könnte eine plötzliche Scham in ihm aufsteigen, solch eine schmutzige Idee genährt zu haben, und er würde das Geld sofort zurückgeben. Das heißt, Richtiges aufgrund von Scham zu tun, die aus dem eigenen Geist entsteht.

Im dritten Fall weiß jemand im Haus von dem Geld, entweder ein Familienmitglied oder ein Hausdiener, und der Nachbar wäre besorgt, was diese Person von ihm denken oder über ihn in Zukunft sagen könnte. Darum gibt er das Gold zurück. Das heißt, Richtiges zu tun aufgrund von Scham, die mit anderen Menschen verbunden ist. Hier fragen wir uns wohl, was er täte, wenn ganz sicher niemand etwas vom Gold wüsste. Doch können wir diesen Mann schwerlich jemanden nennen, der Richtiges tut, obwohl er nicht weiß, was das ist.

Die Regel für die Übung richtigen Verhaltens lautet, dass wir zuerst Scham vor unserer Familie, unseren Dienern und unseren Freunden, dann vor der Verachtung unseres weiteren Umfeldes von Bekannten und Außenstehenden empfinden und darum Falsches meiden und Richtiges tun sollten. Das wird dann ganz natürlich zur Gewohnheit, und nach einer Weile werden wir die Haltung einnehmen, Richtiges zu bevorzugen und Falsches zu verachten.

Auf dem Weg der Tapferkeit wird der, der mutig geboren wurde, sich nichts daraus machen, in die Schlacht zu ziehen und ins heiße Feuer aus Pfeilen und Kugeln zu geraten. Der Loyalität und Pflichterfüllung ergeben, wird er seinen Körper zur Zielscheibe machen, voranpreschen und durch seine glänzende Tapferkeit ein unbeschreiblich feines Beispiel für alle Betrachter abgeben. Auf der anderen Seite mag es jemanden geben, dessen Knie zittern und dessen Herz stolpert, während er sich fragt, wie er sich in all der Gefahr angemessen verhalten soll; doch er hält durch, weil er sich schämt, dass er der einzige sein könnte, der unter den Augen seiner vorandrängenden Kameraden versagt, und weil er befürchtet, seinen Ruf in alle Zukunft zu verlieren. Auch wenn er dem tapfer Geborenen weit unterlegen sein dürfte, wird er sich nach einigen solchen Erfahrungen an diese gewöhnen, und schließlich wird sein Mut dadurch bekräftigt. Er wächst zu einem Krieger heran, der dem furchtlos Geborenen in keiner Weise unterlegen ist. Sowohl im Tun des Richtigen als auch im Schaffen von Mut gibt es keinen anderen Weg als ein Gefühl von Scham. Wenn Menschen behaupten, dass man Falsches tun könne und dass dies nichts ausmache, wenn sie beim Anblick eines Feiglings bloß lachen und sagen, dass dessen Mangel an Mut bedeutungslos sei – welche Mittel gibt es da noch, diese Menschen zu disziplinieren?

Tapferkeit

Für *Bushidô*, den Weg des Kriegers, sind die drei Eigenschaften Loyalität, rechtes Verhalten und Tapferkeit wesentlich. Wir sprechen vom loyalen Krieger, vom gerechten Krieger und vom tapferen Krieger, und wer diese drei Eigenschaften in sich vereint, ist ein Krieger der höchsten Klasse. Unter Myriaden von Samurai ist es jedoch selten, nur einen von dieser Art zu finden. Der loyale und der gerechte Krieger können unschwer unterschieden werden durch ihr gewöhnliches tägliches Verhalten, doch es darf bezweifelt werden, ob in einer Zeit des Friedens und der Ruhe wie der heutigen so leicht der tapfere Krieger ausgemacht werden kann. Doch Tapferkeit zeigt sich nicht erst, wenn ein Mann seine Rüstung anlegt, Lanze und Hellebarde ergreift und in die Schlacht zieht. Man kann erkennen, ob er Mut hat oder nicht, während er auf den Matten sitzt und sein alltägliches Leben führt. Denn wer tapfer geboren wurde, wird seinem Fürsten gegenüber loyal und seinen Eltern ergeben sein, und sobald er Freizeit hat, wird er diese zum Studium nutzen und auch keineswegs die Übung der militärischen Künste vernachlässigen. Er wird wachsam gegenüber der Trägheit sein und sorgsam nachdenken, bevor er sein Geld ausgibt. Hält man das für ein Zeichen von Geiz, geht man fehl, denn er gibt freigebig, wann immer es nötig ist. Er tut nichts, was den Bräuchen seines Fürsten entgegensteht oder von seinen Eltern geringgeschätzt wird, wie sehr er sich das auch manchmal wünschen mag. Stets seinem Fürsten und seinen Eltern folgend, bewahrt er sein Leben in der Hoffnung, eines Tages eine Tat von herausragendem Verdienst zu vollbringen, hält sich beim Essen und Trinken zurück und vermeidet Übertreibungen beim Sex, der größten Wahnidee der Menschheit. So bleibt sein Körper gesund und stark. In diesen wie in allen anderen Dingen ist strenge Selbst-Kontrolle der Anfang der Tapferkeit.

Wer andererseits nicht mutig ist, wird dem Fürsten und seinen Eltern gegenüber nur oberflächlich loyal und pietätvoll erscheinen und ohne Absicht, dies auch zu bleiben. Gleichgültig gegenüber den Regeln seines Fürsten und den Abneigungen seiner Eltern, streunt er rücksichtslos herum, wo er nicht sein sollte, macht, was er nicht tun sollte, und folgt zuallererst immer seiner eigenen Neigung. Er liebt es, am Morgen und Nachmittag zu schlafen und studiert besonders ungern. Über die Militärkünste weiß er zwar alles, übt sich jedoch nicht darin, sondern gibt mit Fähigkeiten an, die er nicht besitzt, und ist voller Begeisterung für irgendwelche Torheiten. Er verprasst alles mögliche Geld für luxuriöse Feste, verschwendet seine Zuschüsse und verpfändet seinen Lohn ohne die geringste Voraussicht. Doch da, wo er etwas investieren sollte, ist er geizig und wird sich nicht darum kümmern, den zerkratzten Lack und die gebrochenen Kordeln der Rüstung zu reparieren, die er von seinem Vater geerbt hat. Noch weniger wird er irgendeinen neuen Anzug kaufen oder Ausrüstung fürs Pferd, um Abnutzung auszugleichen. Seine Gesundheit ist zu angegriffen, als dass er seinem Fürsten dienen könnte, und er bedenkt nicht, welche Sorgen und welchen Ärger das seinen Eltern verursacht. Er isst und trinkt zuviel und übertreibt in sexuellen Belangen. Dieses Auf- und Verbrauchen seiner körperlichen Kräfte und Langlebigkeit geschieht aufgrund seines schwachen und unerzogenen Geistes, der nicht zur Selbstkontrolle fähig ist. Wir werden nicht weit fehlgehen, wenn wir das als Quelle der Feigheit in einem Samurai diagnostizieren. Auf diese Weise also kann der Mutige vom Kleinmütigen unterschieden werden, selbst wenn er nur zuhause auf den Matten sitzt.

Respekt

Die beiden Wege der Loyalität und kindlichen Pietät sind nicht auf Samurai beschränkt. Sie obliegen auch Bauern, Handwerkern und Kaufleuten. In diesen Klassen mag beispielsweise ein Kind oder ein Diener mit gekreuzten Beinen oder Armen bei seinen Eltern oder dem Fürsten sitzen, im Stehen mit ihnen sprechen, während sie sitzen oder verschiedene andere unhöfliche Dinge tun, ohne dass es etwas ausmacht. Wenn dieses Kind oder ein Diener nur aufrichtig in ihrer Ergebenheit sind und den Fürsten oder die Eltern wahrhaft schätzen, ist das schon alles, was in jenen drei Klassen erwartet wird. Doch im Einklang mit dem *Bushidô*, dem Weg des Kriegers, bewegt sich nur, wer, wie loyal und pietätvoll auch immer in seinem Herzen, die richtige Etikette und die Verhaltensweisen an den Tag legt, mit denen man den Respekt gegenüber Fürst und Eltern bezeugt. Selbst wenn man sich außerhalb ihrer Sichtweite und im Privaten befindet, darf man darin nicht nachlassen und nicht Licht und Schatten in die Loyalität und Sohnespflicht eines Kriegers dringen lassen.

Wo auch immer der Samurai sich ausruht oder zum Schlafen niederlegt, seine Füße sollten niemals nur einen Augenblick lang in die Richtung seines Fürsten weisen. Wenn er irgendwo einen Strohballen aufstellt, um Bogenschießen zu üben, dürfen die Pfeile niemals dort niederkommen, wo sich sein Fürst aufhält. Auch die Spitzen seiner Lanze und seiner Hellebarde dürfen niemals in diese Richtung weisen, wenn er sie ablegt. Beim Gespräch mit seinem Fürsten soll der Gefolgsmann stets aufrecht sitzen. Keinesfalls darf er sich herumflözen und dabei Gerüchte über seinen Herren verbreiten. Das ist nicht der Weg des Samurai.

Andere Dinge, die auf einen Mangel an Bedachtsamkeit hinweisen, sind das Richten der Ellbogen auf den Platz, an dem sich der Fürst befindet, einen Brief der Eltern wegzuwerfen oder zu zerreißen oder einen Teil davon zum Reinigen einer Pfeife oder einer Nachtlaterne zu benutzen. Menschen von solcher Mentalität sprechen ganz gerne auch schlecht von ihrem Fürsten, wenn sie Fremden begegnen. Wenn irgendjemand, auch ein völlig Fremder, zu ihnen kommt und geschickt auf sie einredet, werden sie dankbar und ohne Zögern eine Menge Skandale ihrer Eltern oder älterer Brüder zum Besten geben und diese verunglimpfen. Sie werden zweifellos eines Tages von ihrem Fürsten bestraft oder von anderem Unglück heimgesucht, und ihr Ende wird einem Krieger nicht gut anstehen. Selbst wenn sie weiterleben, wird ihre Existenz wertlos sein und sicher kein normales Dasein in Frieden und Wohlstand. Früher lebte im Keichô-Gebiet ein mutiger Krieger namens Kani Saizô, ein Kommandeur der Infanterie unter Fukushima Saemon-taiyu Masanori, der Tag und Nacht die Eisenbrücke der Burg von Hiroshima in Aki bewachte. Als er alt war, fiel er oft während seines Dienstes in Schlaf. In einer solchen Situation kam ein Knappe von Masanori und brachte einen jungen Falken mit der Nachricht vorbei, er sei ein Geschenk seines Fürsten. Saizô sprang sofort auf, legte sein *hakama** an, wandte sich dem Falken zu und nahm ihn entgegen, während er ankündigte, unverzüglich beim Fürsten vorbeizukommen, um ihm Dank zu sagen. Dann fuhr er fort: „Und was dich angeht, wenn du mein Sohn wärst, sollte ich dich einen dummen Narren schimpfen, denn wenn du eine Nachricht vom Fürsten überbringst, musst du das gleich zu Beginn sagen, so dass ich mich darauf vorbereiten kann und sie mir nicht ohne Vorwarnung übermitteln, wenn ich ein Schläfchen halte wie gerade eben. Gut, dass du nicht mein Sohn bist, als Knappe weißt du es wohl nicht besser und ich muss das entschuldigen." Bestürzt durch diesen Tadel rannte der Junge davon und erzählte seinen Kameraden von der Begebenheit. Nach einer Weile erfuhr Masanori selbst davon. Also rief er nach dem Knappen und befragte ihn. Als dieser die Geschichte bestätigte, sagte der Fürst: „Saizô hatte Recht, über soviel Tölpelhaftigkeit wütend zu werden. Ich wünschte, alle Samurai in Aki und Bizen hätten seinen Geist, weil es dann nichts gäbe, was sie nicht tun könnten."

* Eine Art Überwurf, wie sie heute noch beim Ausüben der japanischen Kampfkünste verwendet wird; wurde über dem Kimono als zeremonielle Kleidung getragen.

Reitkunst

In alten Zeiten sahen hohe wie niedere Samurai Bogenschießen und Reitkunst als wichtigste militärische Kunst an; neuerdings bevorzugen sie die Übung mit Schwert und Lanze und erst danach das Reiten. Für den jungen Samurai ist es angemessen, sich täglich im Schießen des Bogens und der Büchse zu üben, im Schwertziehen, *Jujutsu** und anderen Kampfsportarten, weil er, wenn er älter wird, nicht mehr die Zeit dazu finden wird.

Ich wünsche mir, dass junge Samurai der Reitkunst besondere Aufmerksamkeit zuteil werden lassen, vor allem den Pferden, die Fehler haben und nicht geritten werden wollen. Gute und leicht zu reitende Pferde sind nämlich selten, weil sie von Hochrangigen in Anspruch genommen werden und in den Ställen kleiner Leute nicht zu finden sind. Doch wenn ein Mann ein guter Reiter ist und ein Pferd entdeckt, das etwas taugt, aber einen kleinen Makel oder eine schlechte Angewohnheit hat oder gerne seinen Reiter abwirft, dann kann er es für einen vernünftigen Preis erwerben und durch die Zuteilung für sein Pferd seine Position verbessern. Punkte wie die Farbe oder Qualität des Pferdefelles bedeuten nur den Hochrangigen etwas; der niedrigere Gefolgsmann kann ein Tier nicht ablehnen, nur weil er dessen Farbe nicht mag oder denkt, dessen Mähne sei armselig. Wenn es ein gutes Tier ist, sollte er es kaufen und behalten.

Vor langer Zeit lebte in der Provinz Shinano ein gewisser Kakuganji aus dem Hause Murakami,

* Wie Jûdô, Weg der Sanftheit.

der eine Truppe von dreihundert Reitern befehligte, die alle gute Bogenschützen waren. Er machte es zur Familientradition, Pferde auszuwählen, die andere aufgrund eines Makels im Aussehen abgelehnt hatten. Er behelligte seine Männer nicht mit Übungen auf der Rennbahn, nahm aber fünfzig oder hundert von ihnen mit auf den rauen Untergrund um die Burgstadt herum, ritt selbst voran und führte sie über Stock und Stein in alle Richtungen des Landes. Seine Männer hüpften in ihren Satteln auf und nieder, während ihre Pferde hart dahingaloppierten, und sie erwarben sich einen guten Ruf als Reiter. Selbst Takeda aus Kai lernte, diese Männer aus Shinano als Gegner zu betrachten, denen man sich nicht ungestraft widersetzen konnte; das war eine wichtige Anerkennung von Kakuganjis Übungsmethode.

Das Pferd, das ein Soldat für den Krieg braucht, sollte etwa zweieinhalb bis siebeneinhalb Zentimeter über der Durchschnittsgröße sein, mit gewöhnlichem Kopf und Rumpf gemäß der Tradition. Für einen kleineren Gefolgsmann ohne Ersatzpferd sollte sein einziges Tier ausgesprochen groß sein, und ein großer Kopf sollte ihn nicht abschrecken, ein breites Hinterteil von der Art, die man „Zweimeter-Rumpf" nennt, erfreuen. Doch an unnatürlichen und deformierenden Tricks gefallen zu finden wie dem Strecken der Sehnen in den Haxen, um einen weiteren Schritt zu erzielen, oder das Zerschneiden der Sehnen im Schwanz, um dessen Aufrichten zu verhindern, beweist einen Hang zu Absonderlichem, der nicht mit dem *Bushidô* in Einklang steht. Ein Pferd mit unnatürlich gestreckten Sehnen wird schnell müde und ist auf einer langen Reise durch Berge und Flüsse nutzlos. Einem Pferd mit durchtrennten Schwanzsehnen verrutscht der Riemen leicht, wenn es über einen Graben oder Kanal springt. Ein zu breites Hinterteil wiederum taugt nicht für einen schmalen Pfad.

Für einen Krieger gibt es zwei Wege, Pferde zu betrachten, einen guten und einen schlechten. Der Krieger alter Zeiten sah sein Pferd als unverzichtbares Transportmittel an, wenn er in schwerer Rüstung, mit Banner und Kriegsgerät unterwegs war, die er niemals auf seinen zwei Beinen allein hätte tragen können. Da das Pferd verwundet oder gar getötet werden konnte, hatte er großes Mitleid mit ihm und achtete stets darauf, dass es genügend Futter bekam. Heute denken die Menschen allerdings daran, ein mangelhaftes Pferd für wenig Geld zu kaufen und seine Fehler zu korrigieren, oder ein Landfohlen auszuwählen und abzurichten, so dass sie es mit Profit an einen Liebhaber verkaufen können. Das ist die Mentalität eines Pferdehändlers, doch ein armseliges Maß für einen Kenner.

Die Kriegskünste

Ein Samurai sollte sich, selbst als niederer Gefolgsmann, einen angemessenen Lehrer suchen und die traditionellen Kriegskünste studieren, so dass er alles darüber lernt, was man wissen kann. Einige mögen einwerfen, für einen niederen Gefolgsmann sei das unnötig, doch das halte ich für kurzsichtig, wo doch zu allen Zeiten zahlreiche Krieger von niederen Positionen aufstiegen und sich einen Namen als große Generäle machten oder Fürsten von Distrikten und Provinzen wurden. Auch heute halte ich es nicht für unmöglich, dass ein kleiner Vasall zum Kommandanten einer Armee wird. Das Studium der Kriegskünste wird jemanden, der sowieso schon klug ist, noch klüger machen und einen, der irgendwie dumm geboren wurde, doch weniger dumm sein lassen. Darum sollten sich alle Samurai diesem Studium hingeben. Man kann jedoch auch üblen Gebrauch davon machen, wenn man sich selbst anpreist und andere mit einer Menge hochtrabender und falscher Argumente verächtlich macht, die die Jungen nur in die Irre führen und ihren Geist ruinieren. Solche Menschen pflegen wortreiche Reden, die richtig und angemessen erscheinen, obwohl es doch nur um den Effekt und den eigenen Vorteil geht, so dass als Ergebnis die Zerrüttung ihres Charakters und der Verlust des Samurai-Geistes folgen. Dieser Fehler entsteht aus einem abergläubischen Studium des Gegenstandes. Wer damit beginnt, sollte also nicht auf halbem Wege stehen bleiben, sondern fortfahren, bis alle Geheimnisse verstanden sind, dann zu früherer Einfachheit zurückkehren und ein ruhiges Leben führen. Wer auf halbem Wege stehen bleibt, kann der Verwirrung anheimfallen. Mit früherer Einfachheit meine ich ihre Einstellung, bevor sie mit dem Studium der Kriegskünste begannen. In einem alten Sprichwort heißt es, dass Sojasoße, die nach Sojasoße schmeckt, nicht gut sei. So verhält es sich auch mit militärischen Pedanten.

Haushaltsführung

Wenn ein Samurai an seiner Frau etwas feststellt, was ihm nicht gefällt, sollte er sie durch vernünftige Argumente zur Einsicht bringen, bei Streitigkeiten aber nachsichtig und geduldig vorgehen. Wenn ihre Einstellung dauerhaft schlecht bleibt und er zum Schluss kommt, dass sie von keinem Nutzen mehr ist, kann er sich unter diesen außerordentlichen Umständen von ihr trennen und sie zu ihren Eltern zurückschicken. Wenn er das nicht tut und sie als Ehefrau behält, die von Menschen respektvoll mit *okusama* und *kamisama* angeredet wird, er sie aber anschreit und mit allen Arten unflätiger Ausdrücke beschimpft, so verhält er sich auf eine Weise, die Kulis angemessen ist, welche in den Gassen hinter den Geschäftsvierteln hausen, nicht jedoch einem Samurai, der einen Kavalier darstellt. Noch weniger passt es zu einem Samurai, das Schwert zu ergreifen oder seine Frau mit geballter Faust zu bedrohen, eine abscheuliche Sache, die nur ein feiger Samurai in Erwägung zöge. Auch ein Mädchen, das in das Haus eines Kriegers geboren wurde und ins heiratsfähige Alter kommt, würde, wäre sie ein Mann, niemals nur einen Moment tolerieren, von irgendjemandes Faust bedroht zu werden. Nur weil sie als Frau geboren wurde, wird sie Tränen vergießen und sich das gefallen lassen. Ein tapferer Samurai schikaniert niemanden, der schwächer ist als er selbst. Wer jedoch das liebt und tut, was ein tapferer Mann hasst und meidet, wird zurecht als Feigling bezeichnet.

Verwandte

Für gewöhnlich werden unter Bauern und Kaufleuten die Kinder älterer und jüngerer Brüder und die von verheirateten Schwestern als Neffen angeredet und auf die gleiche Art behandelt, doch unter Samurai ist das anders. Nehmen wir zum Beispiel den Sohn des älteren Bruders, der Erbe ist – obwohl auch Neffe, wird er als älterer Bruder respektiert und mit entsprechender Achtung behandelt, denn er ist ja selbst mutmaßlicher Erbe. Diese Behandlung beruht also darauf, dass er den Gründer der Familie aus der Vorzeit repräsentiert. Was den zweiten und dritten Sohn angeht, so reichen gewöhnliche Beziehungen zwischen Onkel und Neffen aus, wie man sie zu den Söhnen jüngerer Brüder pflegt. Die Kinder der Schwestern sind ebenfalls Neffen, doch weil sie Beziehungen außerhalb der Familie aufweisen, ist es in Ordnung, auf gewöhnliche Art mit ihnen zu verkehren, sowohl in Worten wie auch im Schriftverkehr, und sie ein wenig auf Distanz zu halten. Neffen und jüngere Brüder sowie die eigenen Kinder müssen natürlich genauso behandelt werden, wenn sie zur Adoption freigegeben wurden. Ob man sie privat trifft oder sich mit ihnen bei Familientreffen austauscht, Grüße sollten von formeller und distanzierter Natur sein so wie bei Menschen außerhalb des Hauses und der Familie, die einem nicht nahe stehen. Wenn man sie noch als Sohn oder jüngeren Bruder behandelt, nachdem sie schon in ein anderes Haus gezogen sind, wird es so aussehen, als hätte man sie lieber bei sich behalten; diese Einstellung wird vom Adoptivvater und der anderen Familie als verweichlicht angesehen. Da der Adoptivvater aber sicher kein Verwandter sein wird, könnte es wiederum im Falle von Problemen in dessen Familie und bei ungewisser Nachfolge angemessen sein, einen Sohn oder jüngeren Bruder erneut als solchen zu behandeln, ihm zu helfen und ihn nicht aufzugeben.

Wenn man seine Tochter in eine andere Familie verheiratet, sie einen Sohn bekommt und ihr Ehemann stirbt, so dass der kleine Enkel als Erbe zurückbleibt, werden Angelegenheiten des Besitzes mit Verwandten des Schwiegersohnes zu klären sein. Dann kommt es wesentlich darauf an, diese Verwandten beispielsweise von zehn Punkten acht oder neun entscheiden zu lassen. Wenn der Ehemann noch am Leben ist, es der Familie schlecht geht und sie ihren Verwandten zur Last fällt, kann man nur schwer davon Abstand nehmen, seiner Tochter in diesen Schwierigkeiten beizustehen; dann ist Hilfe durchaus angemessen.

Sparsamkeit

Samurai im Dienst, sei dieser groß oder unbedeutend, müssen stets Sparsamkeit üben, so dass sie kein Defizit bei ihren Haushaltsausgaben schaffen. Wenn diejenigen mit hohem Einkommen entdecken, dass sie über ihre Verhältnisse leben, können sie das schnell ändern, indem sie sorgsam hier ein bisschen sparen und sich dort ein wenig einschränken; so sind sie bald wieder flüssig. Wenn jedoch ein kleiner Gefolgsmann versucht, wie ein großer Vasall zu leben, auf diese Weise unnötige Ausgaben verursacht und sich in Schwierigkeiten bringt, kann er sich davon nicht erholen, weil er nichts hat, auf das er zurückgreifen könnte; je mehr er seine Finanzen richten will, desto mehr verstrickt er sich darin, bis er schließlich völlig ruiniert ist. Die häuslichen Angelegenheiten der Menschen sind zwar ihre Privatsache. Jemand wird im Dienst vielleicht handeln wie seine Kameraden und die nötigen Ausgaben besorgen, dabei freilich jeden möglichen Trick anwenden – selbst Dinge sagen, die nicht ausgesprochen werden sollten und Dinge tun, die nicht getan werden sollten – weil finanzielle Schwierigkeiten ihn plagen, die selbst Menschen von hohem Ansehen zu unaufrichtigen Taten verleiten, welche ihnen ansonsten fremd sind. Man muss also einen festen Entschluss treffen, nur gemäß der eigenen Mittel zu leben und sorgfältig unnötige Ausgaben zu vermeiden. Das Geld nur für etwas auszugeben, was notwendig ist, wird der Weg der Wirtschaftlichkeit genannt. Dabei muss ein Punkt beachtet werden: Nur über Wirtschaftlichkeit zu reden und gar nichts ausgeben zu wollen, überall bloß zu sparen und abzuschöpfen und sich darüber zu freuen, eine Münze auf die andere stapeln zu können, heißt eine Mentalität anzunehmen, die sich schmieriger Gewinnsucht verschreibt, wodurch man schließlich jeden Sinn für das rechte Maß dessen verliert, was getan oder nicht getan werden sollte. Menschen dieser Art büßen ihre Instinkte ein, außer dem des Hortens. Was sie praktizieren, ist Geiz und nicht Wirtschaftlichkeit. Wie es auch mit Bauern und Händlern sei, Geiz in einem Samurai muss so verabscheut werden wie das Wegwerfen der Drei Heiligen Schätze. Wenn er all das vorhandene Geld vor seine Aufgaben stellt und es nur widerwillig ausgibt, wie widerwillig wird er da sein weitaus kostbareres Leben aufzugeben bereit sein? Darum sagten die Alten, dass in China Geiz als Synonym für Feigheit galt.

Hausbau

Für einen Samurai ist es angebracht, sein Tor, das Wachhaus, die Veranda, den Eingang und das Empfangszimmer so stilvoll zu gestalten wie es seinem Einkommen entspricht. Zu jeder Burgstadt kommen Menschen von überall her bis zu den Gräben, um sich umzuschauen, und wenn die Häuser der Samurai von außen einen guten Eindruck machen und innen ruhig und würdevoll erscheinen, wird das ihrem Fürsten wie ihnen selbst hoch angerechnet. Andererseits sollten die inneren Bezirke des Hauses, wo Frau und Familie leben, als ausreichend betrachtet werden, so unansehnlich sie auch seien, wenn sie nur den Regen abhalten, denn es ist am wichtigsten, dass man so wenig wie möglich für Reparaturen ausgibt. In dieser unsicheren Welt muss der Fürst einer Burg eine Belagerung bedenken, so dass die Häuser der Samurai innerhalb der zweiten und dritten Bezirke niedrig, von geringer Tiefe und billig gebaut werden müssen. Die Samurai, die im äußeren Bezirk leben und vielleicht ihre Häuser im Notfall verbrennen und aufgeben müssen, sollten überhaupt nichts Beständiges bauen, sondern die leichtestmögliche Konstruktion, die gerade mal Schutz zum Schlafen bietet. Selbst in dieser friedvollen Zeit wird ein Samurai, der sein *Bushidô* unbefleckt halten will, sein Haus gewiss nicht für eine dauerhafte Bleibe halten oder einen Gedanken an irgendwelche ausgefallene Dekoration verschwenden. Wenn es einmal Feuer fängt, muss man außerdem schnell wieder einen neuen passenden Schutz errichten können, so dass jeder, der das nicht vorausplant, sondern zuviel Geld in den Hausbau steckt oder sich sogar mit Freuden dafür verschuldet, als einer angesehen werden kann, dem der Sinn für die Zweckmäßigkeit der Dinge fehlt.

Waffen

Jeder Samurai im Dienst muss einen ausreichenden Vorrat an Waffen besitzen. Jeder Clan hat seine militärischen Regeln, und passende Banner, Fahnen und Helminschriften, Lanzengriffe, Ärmelabzeichen und Brandzeichen auf den Lasttieren müssen gemäß den Anweisungen des Fürsten in einheitlicher Form gewährleistet sein. Wenn sie in Eile improvisiert werden, ist das ein offensichtliches Zeichen von Nachlässigkeit und wird Verachtung provozieren. Menschen, die aus Nachlässigkeit gegenüber diesen Insignien aus ihren eigenen Reihen angegriffen und getötet wurden oder Verluste erlitten, kennt man in der Geschichte des Militärs genug. Darum gibt es hier keinen Raum für Schlamperei.

Einige mögen glauben, dass ihre Diener niemanden werden niederschlagen müssen, und deshalb deren Schwerter durch Holz oder Bambus ersetzen. Oder die Diener selbst tragen kein Lendentuch, weil sie denken, das sei unnötig. Wegen ihres Mangels an Voraussicht bringen sie sich so in Schwierigkeiten. Ein Samurai, der ein Ritter ist und einen beträchtlichen Lohn erhält, aber nicht weiß, wann er aufs Schlachtfeld ziehen muss, so friedlich die Zeiten auch erscheinen mögen, ist noch viel verantwortungsloser, wenn er sich selbst nicht mit den Waffen versorgt, die er schon seinen Dienern vorenthält. Aus Furcht vor öffentlicher Schande sollte er sich die passende Ausrüstung zulegen.

Wenn ein niederer Gefolgsmann sich mit Waffen ausstatten möchte und beispielsweise drei Stück Gold hat um sich etwas zu kaufen, wäre es am besten für ihn, zwei Drittel davon auf Rüstung und Helm zu verwenden und den Rest für all die anderen Dinge wie Unterwäsche, Reithosen, Jacke, Obergürtel, Waffenrock, Peitsche, Fächer, Geldbörse, Mantel, Wasserflasche, Tasse usw., so dass er alles hat, was er neben seiner Rüstung noch braucht. Auch wenn er jung und sehr stark sein mag, sollte er schwere Anzüge, dicke Eisenwaffen und gewichtige Banner und Standarten meiden, denn sie werden, auch wenn sie in seiner Jugend noch duldbar sind, im Alter ihm eine Last werden. Und selbst ein junger Mann kann krank oder verwundet werden, dann wird die leichteste Eisenwaffe zu einer schweren Bürde und einem Hindernis. Wenn aber ein junger Mann wegen des Gewichtes seiner Banner und Standarten bekannt ist, wird es ihm schwer fallen sie aufzugeben, wenn er alt und unfähig wird, sie aufrecht zu halten.

Über die Ausstattung von Dienern

Ein niederer Gefolgsmann sollte auch bei außergewöhnlichen Gelegenheiten nicht mit vielen Dienern losziehen, weshalb er auch nicht mehr als eine Lanze benötigt. Wenn diese beschädigt wird, ist sie normalerweise ohne Ersatz. Darum sollte er eine Lanzenspitze bei sich haben, die er zwischenzeitlich benutzen kann, indem er sie an einem Bambusschaft befestigt. Wenn die Lanze nur ein wenig beschädigt ist, kann sie durch ein langes, fest geschmiedetes Schwert ersetzt werden, das von Gehilfen getragen wird. Die jungen Knappen können eine *Domaru*-Rüstung mit einem eisernen Helm tragen und die niederen Diener und Gehilfen einen *Munekake*-Kopfschutz mit einem Tuch um ihren Kopf oder einen eisernen Hut, denn ein niederer Gefolgsmann sollte seine Männer nur mit leichter Rüstung versehen. Wenn es zu einem Schwertkampf kommt und man Rüstung und Helm trifft, wird die Schneide des Schwertes sicher in Mitleidenschaft gezogen und sollte besser ersetzt werden. Die alte kann dann vom Knappen benutzt werden, der sie wiederum an den Sandalenträger oder Stallknecht weiterreicht.

Samurai

Da Samurai Beamte sind, deren Aufgabe darin besteht, Rebellen und aufrührerische Elemente zu zerstören und den drei Klassen von Menschen Frieden und Sicherheit zu bringen, darf auch der geringste unter diesen Kriegern niemals Gewalt oder Ungerechtigkeit gegen diese drei Klassen walten lassen. Er darf also nicht mehr Abgaben verlangen als für die Bauern üblich sind oder sie durch erzwungene Dienste auslaugen. Er darf weder Dinge von den Handwerkern bestellen und sie dann nicht bezahlen, noch Sachen von Städtern und Händlern verlangen und sie dann auf ihr Geld warten lassen. Auch ihnen Geld zu leihen und dann Zinsen zu nehmen ist nicht recht. Man sollte stets auf diese Menschen Rücksicht nehmen, den Bauern im eigenen Bezirk wohlgesonnen sein und sorgsam darauf achten, dass die Handwerker nicht ruiniert werden. Wenn es nicht möglich ist, die Schulden sofort vollständig zu zahlen, die man nach Geschäften mit Städtern und Händlern hat, sollte man gewiss von Zeit zu Zeit etwas zahlen, um diesen Klassen keinen Verlust und Kummer zu verursachen. Samurai, deren Aufgabe es ist, Räuber und Diebe zu züchtigen, sollten nicht deren Verhalten nachahmen.

Schamgefühl

Vor fünfzig oder sechzig Jahren sagte ein Samurai, der keinem Fürsten dienen konnte, dass man mit einem Einkommen von 500 *koku** kaum ein Ersatzpferd halten konnte, mit einem Einkommen von 300 *koku* nur ein halb verhungertes Tier. Eine Position mit 100 *koku* Lohn ermöglichte nur den Besitz einer rostigen Lanze. Bis dahin hatte der altgediente Stil der Samurai überlebt, nach dem man nicht darüber sprach, wie viel *koku* wer bekam, aber Bilder dafür benutzte: „Ein Falke mag verhungern, doch Korn

* Ein *koku* sind ca. 5 Scheffel Reis, ein Scheffel 36,37 l.

rührt er nicht an“ und „Der Samurai mag nichts zu essen haben, doch er benutzt einen Zahnstocher“ sind Aussprüche, die diese Empfindung beschreiben. Junge Menschen redeten damals nie von Gewinn oder Verlust oder vom Preis der Dinge. Sie erröteten, wenn sie Gespräche über Liebesaffären vernahmen. Selbst wenn Samurai heutzutage nicht in der Lage sind, diese alten Ideale zu erreichen, sollte jeder von ihnen sie bewundern und studieren. „Sei die Nase eines Mannes auch gebrochen, solange er atmen kann, ist alles in Ordnung.“ So sollten wir darüber denken.

Wahl der Freunde

Für einen Samurai im Dienst ist es äußerst wichtig, dass er sich mit den Kameraden umgibt und anfreundet, die tapfer, pflichtbewusst, weise und einflussreich sind. Doch weil Menschen dieser Art nicht sehr häufig vorkommen, wird er vielleicht nur einen unter seinen verschiedenen Freunden finden, auf den er sich wirklich in Zeiten der Not verlassen kann. Es ist ganz allgemein für einen Samurai nicht wünschenswert, enge Freundschaft zu jemandem zu pflegen, den er besonders mag und mit dem er gerne essen, trinken und feiern geht. Wenn er einen freundlichen Geist entdeckt und eine große Freundschaft daraus wird, wird er den anderen für einen amüsanten Zechbruder halten. Die beiden werden sich schnell auf eine Art benehmen, die ihrer Klasse nicht gut ansteht, sich ohne Zeremoniell begegnen, herumlümmeln, die Abende mit dem Grölen von Liedern und *Jôruri**-Balladen zubringen und sich gar zu vertraut anreden. Dann plötzlich könnten sie nach einem Streit überhaupt nicht mehr miteinander reden statt die Hilfe eines Vermittlers in Anspruch zu nehmen. Solch ein Mangel an Würde beweist, dass Menschen, die äußerlich wie Samurai wirken, den Geist von gewöhnlichen Arbeitern haben können.

Freundschaft

Verlässlichkeit ist eine der Qualitäten auf dem Weg des Kriegers, die von einem Samurai verlangt wird, doch sollte er nicht ohne besonderen Grund seine Hilfe anbieten, sich nicht in Dinge einbringen, die unbedeutend sind oder Verpflichtungen auf sich nehmen in Angelegenheiten, die ihn nicht betreffen, nur um etwas tun oder seinen Rat geben zu können. Selbst in Dingen, die ihn ein wenig angehen, sollte er sich besser zurückhalten, solange ihn niemand bittet einzuschreiten. Denn selbst kleine Probleme können einen Samurai so verwickeln, dass er sich nicht mehr zurückziehen kann, ohne sein wertvolles Leben zu riskieren, das doch nur seinem Fürsten und seinen Eltern gehören sollte. Darum sollte er sich nicht unnötig verpflichten.

Wenn ein Samurai in alten Zeiten um einen Gefallen gebeten wurde, überlegte er, ob er ihn leisten konnte oder nicht. Wenn nicht, lehnte er sofort ab. Wenn doch, dann tat er den Gefallen

* Erzählendes Rezitieren in dramatischer Form zu Shamisen-Musik; erlebte seine Blütezeit in der Edo-Zeit (1600-1868).

nur nach sorgfältigem Nachdenken, so dass er gut vorbereitet die ganze Angelegenheit bald völlig erledigt hatte. Dadurch wurden des Bittstellers Schwierigkeiten also beseitigt, und der Gefolgsmann erntete großes Lob. Wenn jemand im Gegenteil aber ohne Nachdenken eine Verpflichtung übernimmt, wird er sie nicht angemessen beenden können und sich einen Ruf erwerben, keine Grundsätze zu haben. Nur nach reiflicher Überlegung sollte also eigener Rat gegeben werden. Eltern, Lehrer, ältere Brüder, Onkel und so fort mögen unpassende Ratschläge an ihre Kinder, Schüler und Neffen geben, ohne dass viel Schaden entsteht. Alles, was aus dem Munde eines Samurai kommt, muss aber wohlbedacht und behütet sein. Besonders gegenüber seinen Freunden und Kameraden muss er sich höchst bedächtig äußern. Wenn nun ganz speziell er gebeten wird, bei einer Beratung dabei zu sein, kann er natürlich sagen, dass er zum Thema keine Ansichten habe und so die Diskussion verweigern. Sollte er jedoch daran teilnehmen, wird er dann am hilfreichsten sein, wenn er genau das sagt, was er denkt, klar und knapp, ohne Zurückhaltung oder einen Gedanken an Ablehnung durch die anderen. Wenn er aus Schwäche befürchtet, andere zu beleidigen, ungeschickt zögert, sich vom Gerechten abwendet, dem Unvernünftigen zustimmt und, um Aufruhr zu vermeiden, zulässt, dass unpassende Dinge gesagt und anderen Bürden auferlegt werden, wird er schließlich als nutzloser Berater gelten und verschmäht und verachtet werden. Doch gilt: Wenn jemand so dumm ist, sich für derart bedeutsam zu halten, dass er mit niemandem Rücksprache halten muss, sondern alles nach eigenem Gutdünken entscheidet und durcheinander bringt, wird er ebenfalls unter seinen Kameraden nicht sehr beliebt sein.

Beziehungen abbrechen

Ein Samurai im Dienst mag unter seinen Vertrauten oder Kameraden jemanden haben, mit dem er sich nicht gern umgibt. Wenn er aber von seinem Fürsten den Befehl erhält, mit dieser Person zusammenzuarbeiten, sollte er unverzüglich auf sie zugehen und sagen: „Ich habe den Auftrag, mit dir gemeinsam zu dienen, und wenn wir auch bisher nicht miteinander gesprochen haben, vertraue ich darauf, dass du mit mir zusammenarbeitest, damit wir unsere Aufgaben ohne Schwierigkeiten erfüllen können.“ Sollte der andere gar sein Vorgesetzter sein, wird er ihn um seine freundliche Anleitung bitten. Wenn er tags darauf in eine andere Stellung versetzt wird, können die beiden wieder ihr altes Verhalten an den Tag legen. Wie viel mehr jedoch sollten Kameraden, die keine solchen Spannungen haben, in herzlichstem Einvernehmen miteinander dienen. Wer sich allerdings ständig nach Macht sehnt, besitzt die Freundlichkeit des Herzens nicht, denjenigen, die neu im Dienst und nicht mit den Details ihrer Aufgaben vertraut sind, zu helfen. Die Machtgierigen freuen sich sogar, wenn Neulinge Fehler machen und sollten wegen ihrer widerlichen Einstellung aus dem Dienst gezogen werden. Denn diese Sorte Samurai ist zu dreckigen Tricks bereit, zum Beispiel sich in schwierigen Situationen gegen die eigenen Kameraden zu wenden. Dem sollte man vorbeugen.

Ruhm

Ein Samurai sollte wiederholt die alten Aufzeichnungen lesen, damit er seinen Charakter stärkt. Die überall berühmten Werke wie *Kôyô Gunkan*, das *Nobunagaki* und das *Taikôki* berichten im Detail von Schlachten und nennen die Namen derer, die heldenhafte Taten vollbrachten, wie auch die Zahl derer, die fielen. Unter letzteren müssen viele höheren Ranges gewesen sein, deren Namen nicht genannt werden, weil sie nichts Besonderes leisteten. Selbst unter niederen Gefolgsleuten wurden nur die ausgewählt, deren Tapferkeit herausragend war und ihre Namen der Nachwelt überliefert. Diejenigen, die unbekannt starben und diejenigen, die bekannt wurden, empfanden den gleichen Schmerz, als ihre Köpfe vom Feind abgeschlagen wurden. Bedenkt das wohl. Wenn er sterben muss, sollte ein Samurai darauf abzielen, eine besonders mutige Tat zu vollbringen, die sowohl Freund wie Feind erstaunt und den Fürsten wie den Kommandanten seinen Tod bedauern lässt. So hinterlässt der Samurai den Generationen, die noch folgen, einen großen Namen. Ganz anders ist das Schicksal des Feiglings, der als letzter herausgefordert und als erster pensioniert wird, und der bei einem Angriff auf eine Festung seine Kameraden als Schutzschild gegen die Geschosse der Feinde benutzt. Von einem Pfeil getroffen, fällt er und stirbt den Tod eines Hundes, wird vielleicht gar von seinen eigenen Leuten überrannt. Das ist die größte Schande für einen Samurai. Daran sollte man Tag und Nacht denken.

Aufschneider und Verleumder

Diese beiden Typen scheinen sich sehr zu ähneln, sind jedoch recht verschieden voneinander. Früher gab es viele Samurai, die als Aufschneider galten, zum Beispiel Matsudaira Kagaemon und Ôkubo Hikozaemon, beide Offiziere der Leibwache des Shôguns. Tatsächlich dienten damals fast jedem Daimyô ein paar Samurai dieser Art. Es waren Männer, die viel geleistet hatten und in keinster Weise den Weg des Kriegers verließen, doch manchmal so stur auftraten, dass sie nicht als Berater taugten. Wenn sie in ihren Lebensumständen unter Druck gerieten, weil ihr Einkommen und ihre Stellung nicht ihrem hohen Ansehen entsprachen, wurden sie haltlos und sprachen aus, was ihnen in den Sinn kam, ohne auf jemanden Rücksicht zu nehmen. Doch ihre Fürsten und deren Ratgeber wie auch die Älteren übersahen das geflissentlich, so dass jene noch rücksichtsloser wurden und jedem sagten, was sie gut und schlecht an ihm fanden, ohne sich zurückzuhalten oder je zu entschuldigen. Das waren die Aufschneider vergangener Zeiten, Männer großer Verdienste. Doch die Aufschneider von heute sind Typen, die nie eine Rüstung angezogen haben und die meiste Zeit mit ihren Freunden und Bekannten die Fehler der Regierung des Fürsten diskutieren, auf die Versäumnisse seiner Ratgeber hinweisen und gewiss die Missetaten ihrer eigenen Kameraden nicht aussparen, während sie zugleich ihre eigene Überlegenheit betonen. Solch engstirnige Schädel trennen Welten von den mutigen Aufschneidern alter Zeit, weswegen man sie wohl besser Verleumder oder Schwätzer nennen sollte.

Reisen

Ein niederer Samurai wird auf einer Reise sein Gepäck auf ein Lastpferd laden. Weil er vom Pferd fallen könnte, sollte er seine beiden Schwerter so zusammenbinden, dass sie nicht aus ihren Scheiden rutschen können. Doch sollte er es unterlassen, den Griff des Langschwertes mit einem großen Tuch zu einem dikken Bündel zu schnüren. Auch sollte er die Hülle der Lanze nicht mit einem dicken Seil festzurren. In diesen Dingen darf man nicht nachlässig sein. Weil man die Insignien „Gefolgsmann des Fürsten Soundso“ am Gepäck anbringt, kann jeder Fehler auf den Fürsten zurückfallen.

Heute ist es üblich, dass unterwegs Pferde mittels eines Stallknechtes getauscht werden. Wenn der andere Reiter ein Krieger ist, sollte man warten, bis er nach dem Angebot des Knechtes abgestiegen ist. Erst dann sollte man selbst vom Pferd steigen. Wenn man das nämlich zu früh tut, könnte der andere Reiter sitzen bleiben und den Tausch verweigern. Dann müsste man selbst aus Achtung vor dem anderen enttäuscht wieder aufs eigene Pferd steigen.

Beim Durchqueren von Flüssen sollte man immer einen Kuli vorauswaten lassen. Wenn man die Ausgaben für ihn scheut oder sich selbst für einen Experten im Wasser hält, dann aber das Pferd stürzt, das Gepäck nass und vielleicht ein Diener verletzt wird, sieht man sehr dumm aus.

Wenn man mit dem Gedanken, die Reise zu beschleunigen, die Fähre in Yokkaichi oder ein

Boot bei Awazu besteigt, ist das kurzsichtig. Nimmt man nämlich das gewöhnliche Boot von Kuwana* aus und gerät in raues Wetter, hat man eine Entschuldigung. Wählt man dagegen eine Abkürzung und den damit verbundenen Ärger, dann gibt es bei einem Zwischenfall keinerlei Entschuldigung. Darum rät ein altes Gedicht:

Die Furt bei Yabase
wirkt wie eine Abkürzung.
Doch in Eile, Krieger, nimm den Weg
*über die lange Seta-Brücke.**

Dieses Prinzip vom längsten Weg, der der kürzeste ist, gilt nicht nur für Reisen. Es muss bei allem bedacht werden.

Verleumden

Ein Samurai im Dienste des Fürsten muss sich verborgener Kritik an Fehlern seiner Kameraden enthalten, von denen er hört oder die er wahrnimmt. Ein Mann kann nicht abschätzen, wie sehr er diese Dinge unabsichtlich missversteht. Die Clan-Beamten und besonders die Ratgeber und Senior-Offiziere sind Sprecher für die Ansichten des Fürsten, jede Kritik an ihnen sagt also auch etwas über ihn aus. Eines Tages wird er sie vielleicht einmal um etwas bitten müssen.

---

* Yokkaichi, Kuwana, Awazu: die Fähren der beiden erstgenannten Orte setzten aus dem Süden kommende Reisende in Richtung Atsuta (Nagoya) über, die letztere verkehrte am Biwa-See.

* Yabase war Fähr-Ablegestelle zum Durchqueren des Biwa-Sees für Reisende aus dem Norden; um die Seta-Brücke zu überschreiten, musste man sich weiter in südliche Richtung begeben.

Dann ihre Stimmung bedenken, die Hände falten, Knie beugen und demütig ihren Gefallen erbitten zu müssen, plötzlich den Tonfall ändernd, weil er kurz davor alle hinter ihrem Rükken verleumdet hat – in eine solche Lage sollte sich kein Samurai bringen, wie gewichtig sein Anliegen auch sein mag.

Kriegsersatz

Im Zeitalter der streitenden Daimyate, als Schlachten an der Tagesordnung waren, konnte der Sohn eines Samurai, unabhängig von seinem Alter, beim Tod seines Vaters nach tapferem Kampf vom Fürsten oder Kommandanten die Stellung und die Einkünfte des Vaters übertragen bekommen. Wenn der Sohn aber noch ein Kleinkind war, konnte er keinen Kriegsdienst leisten, also erbte der jüngere Bruder des Samurai dessen Stellung und wurde vom Fürsten zum Hüter des Kindes ernannt. Man betitelte ihn fortan *jindai* oder „Kriegsersatz“. Nach altem Brauch sollte der jüngere Bruder, der die Stellung des älteren erbte, das Kind nun als seinen Sohn betrachten, auch wenn er eigentlich sein Neffe war, für ihn sorgen und ihn erziehen. Als neuer Vorstand des Hauses sollte er alle Waffen und Rüstungen, den Pferdeschmuck und den gesamten restlichen Besitz einsammeln und mit ein, zwei anderen Familienmitgliedern alles sorgfältig in einem Buch verzeichnen.

Wenn der Junge fünfzehn Jahre alt ist, so dass er im folgenden Jahr sowieso zum unabhängigen Krieger unter den jungen Gefolgsleuten wird, soll man ein Gesuch einreichen, dass ihm erlaubt werden möge, in den Dienst des Fürsten einzutreten und den Lohn, den man ihm zugesichert hatte, zu empfangen. Gemäß des Ansehens der Person kann diesem Wunsch stattgegeben, aber auch aufgrund der Jugend des Jungen dessen Pate gebeten werden, sich noch länger um ihn zu kümmern. Wie viel Druck man auch auf den Paten ausübt, er soll letzteres entschieden ablehnen. Und wenn seinem Wunsch dann stattgegeben wird, soll er die Liste mit dem Besitz des Hauses und alle darauf verzeichneten Gegenstände des verstorbenen Vaters übergeben. Alle Güter, die der jüngere Bruder selbst während seiner Patenschaft erworben hat, soll er ebenfalls überreichen, wenn es angemessen erscheint.

Wenn man dagegen noch mit seiner Patenschaft fortfahren muss, dann sollen von gewährten 500 *koku* an den Neffen 300 gehen, während der Pate 200 behält. Das ist zwar ein Grund für Dankbarkeit seitens des Paten, doch wird der Besitz des Neffen dadurch vermindert, weshalb der Pate versuchen sollte, das ursprüngliche Gehalt seines Bruders dem Erben vollständig zukommen zu lassen und wiederholt um seine eigene Pensionierung nachsuchen. Das ist das rechte Verhalten eines Samurai, der zum „Kriegsersatz“ wird.

Auf der anderen Seite gibt es denjenigen, der den Besitz nicht an den Erben übergeben will, wenn dieser alt genug ist; oder der das zwar tut, zuvor allerdings den Besitz verkommen lässt und das Haus nicht repariert. Schlimmer noch, er mag dem Erben Schulden hinterlassen, die gar nicht von dessen Vater stammen, abgesehen davon, dass er den Jungen ständig um Essensrationen, Geld und sonstiges bittet. Solch ein Mann ist ein prinzipienloser Schurke.

Dem Tod ins Auge schauen

Ein Samurai muss, ob groß oder klein, angesehen oder unbedeutend, vor allem anderen bedenken, wie er dem Tod begegnen soll. So klug und talentiert er auch sein mag, wenn er im Angesicht des Todes seine Gelassenheit verliert, werden seine vorherigen guten Taten wie Wasser sein und alle anständigen Menschen werden ihn verachten, so dass er mit Schande bedeckt wird.

Wenn ein Samurai in die Schlacht zieht, tapfere und glänzende Dinge vollbringt und sich einen großen Namen macht, geschieht das nur, weil er bereit ist zu sterben. Wenn ihm unglücklicherweise das Schlimmste droht, dass er und sein Kopf getrennt werden, muss er, nachdem ihn der Gegner nach seinem Namen fragte, diesen sofort laut und deutlich aussprechen und seinen Kopf mit einem Lächeln auf den Lippen und ohne das kleinste Anzeichen von Furcht überlassen. Sollte er schlimm verwundet, aber nicht bewusstlos sein und kein Arzt mehr etwas für ihn tun können, ist es richtig, die Fragen seiner vorgesetzten Offiziere und Kameraden zu beantworten und sie über die Art seiner Verwundung zu informieren, bevor er sich klaglos verabschiedet.

In Zeiten des Friedens sollte ein standhafter Samurai, ob alt oder jung, von einer ernsthaften

Erkrankung geplagt Festigkeit und Entschlusskraft zeigen und dem Verlust dieses Lebens keine Bedeutung beimessen. Ob in einem hohen Amt oder auf niederer Position, solange er sprechen kann, soll er um die Anwesenheit seines Vorgesetzten bitten und ihn darüber informieren, dass er dessen Aufmerksamkeit und Gunst lange genossen und folglich inbrünstig alles in seiner Macht stehende versucht habe, um seine Pflichten zu erfüllen. Doch leider sei er nun von jener schweren Krankheit heimgesucht worden, von der man sich nur schwer erhole, weswegen er sich nicht mehr so für ihn einsetzen könne. Weil er bald sterben werde, wünsche er seine Dankbarkeit für vergangene Freundlichkeit und Vertrauen auszudrücken, um den Ratgebern des Clans in guter Erinnerung zu bleiben. Dann sollte er sich von seiner Familie und den Freunden verabschieden und dabei erklären, dass es nicht die Sache eines Samurai sei, an einer Krankheit zu sterben, nachdem man so viele Jahre lang so viele Wohltaten des Fürsten empfangen habe, doch leider sei dies in seinem Fall unvermeidlich. Die Jungen müssten jedoch seine treuen Absichten weiterhegen und fest entschlossen ihren Dienst für den Fürsten tun. Dabei sollten sie ihre Loyalität beständig steigern und mit aller Kraft dienen, die sie besitzen. Wenn sie das versäumten oder auf irgendeine Weise unloyal und pflichtvergessen handelten, würde selbst von den Schatten der Gräser sein Geist auftauchen und sie enterben. Von dieser Art sollten die Abschiedsworte eines Samurai sein.

Auch in den Worten eines Weisen heißt es, dass die letzten Sätze eines Mannes, der sterben muss, recht klingen sollten. Wie verschieden ist das Ende eines Samurai von dem eines Menschen, der es ablehnt, seine Beschwerden als unheilbar zu betrachten, der sich wegen des Todes Sorgen macht, sich freut, wenn Menschen ihm erzählen, er wirke gesund, es aber gar nicht mag, wenn sie ihm sagen, er sähe schlechter aus. Unterdessen streitet er mit den Ärzten und eine Menge unnützer Gebete und Zeremonien werden für ihn abgehalten, während er sich in einem Stadium völliger Unruhe und Verwirrung befindet. Allmählich geht es ihm schlechter, er sagt den anderen aber nichts und endet, indem er das eine Sterben verpfuscht, das er hat, so dass es nicht besser als das einer Katze oder eines Hundes ist. Das geschieht, weil er sich nicht stets den Tod vor Augen hält, wie ich es schon im ersten Kapitel empfahl, sondern jede Erwähnung davon als böses Omen ablehnt und zu glauben scheint, dass er ewig lebt, weshalb er dann mit gieriger Intensität an seiner Existenz hängt. Wer mit solch feigem Geist in die Schlacht zieht, wird keinen glorreichen Tod im Glorienschein der Loyalität sterben. Wer also die Ideale der Samurai wertschätzt, sollte wissen, wie er angemessen auf den Matten an einer Krankheit stirbt.

Dienst

Während der Dienstzeit eines Samurai könnte es geschehen, dass sein Fürst große Ausgaben hat und dessen Lebensumstände dadurch beschränkt werden, so dass er sich ein paar Jahre lang Gehälter von seinen Gefolgsleuten leihen muss. In diesem Fall sollte ein Samurai in keinem Fall weder in seiner Familie noch außerhalb irgendeine Bemerkung machen, dass ihn das in Schwierigkeiten bringe, egal wie groß die Summe auch sei. Denn seit alters her ist es bei Gefolgsleuten üblich, dem Fürsten in Zeiten der Not zu helfen, wie er umgekehrt auch ihnen stets zur Seite steht. Wenn ein Fürst durch private Verpflichtungen unter Druck gerät, so dass seine öffentlichen Aufgaben darunter leiden und er bestimmte Dinge nicht mehr tun kann, die seinem Amt entsprechen, ist das für seine Gefolgsleute äußerst schmerzlich. Gewöhnliche Angelegenheiten können zwar erledigt werden, doch wenn anderntags an der Grenze der Provinz eine unvorhergesehene Unruhe aufkommt und die Armee den Befehl erhält, in Stellung zu gehen, wird zuallererst Geld benötigt. So klug jemand auch sein mag, dieses Geld kann nicht sofort bereitgestellt werden. Wie das Sprichwort von einem Mann erzählt, dessen Hand unter einem Stein gefangen ist und der sie nicht bewegen kann, so wäre es schwierig, in einer solchen Lage irgendetwas zu tun. Da jedoch alle anderen Daimyôs am festgelegten Tag bereit sein werden und dieser nicht verlegt werden kann, müssen die Gefolgsleute jenes Fürsten unvorbereitet ebenfalls losziehen.

In Zeiten des Friedens wirkt eine militärische Prozession glanzvoll, die Menschen kommen aus dem ganzen Land in die Häuser der Städte, um ihr beizuwohnen, so dass sie dem Anblick aller Klassen ausgesetzt ist. Wenn eine Schlachtordnung der anderen unterlegen ist, wird das für den Fürsten und seine Befehlshaber eine lebenslange Schande sein. Bedenken wir die Wichtigkeit des Gesagten, so folgt daraus, dass alle Samurai, hohe und niedere, alte und junge, einen Teil ihrer Einkommen beitragen müssen. Während dieser Zeit eingeschränkten Einkommens muss jeder ein wenig mitdenken und die Zahl seiner Männer und Pferde reduzieren, Kleidung aus Baumwolle und Papier im Winter und Baumwoll-*Katabira** im Sommer tragen. Bei den Morgen- und Abendmahlzeiten soll man nur unpolierten Reis, Kleie und Miso-Suppe essen, jeder muss sein Holz selbst schlagen, sein Wasser selbst holen und seine Frau dazu bringen, den Reis zu kochen und alle möglichen Entbehrungen zu ertragen, da es die Pflicht aller im Dienste des Fürsten ist, ihre ganze Energie zu sammeln, um seine Verhältnisse in angemessener Ordnung zu halten. Wenn wir mit diesen Problemen fertig werden, können wir jedes besondere Bedürfnis unseres Fürsten stillen und die Notausgaben auftreiben. Man kann zum Beispiel sein Ersatzschwert und das Arbeitsgerät der Frau verpfänden, mit dem Gegenwert wird man genug zusammenbekommen, ohne etwas leihen zu müssen. Selbst wenn euer Fürst nichts davon weiß und die Ratgeber und Oberoffiziere euch dafür hassen, wäre es unerhört, wenn ein Samurai daran dächte, sich über eine Beschränkung seines Lohnes zu beschweren.

Die Pflicht eines Vasallen

Ein Samurai, der ein Ritter ist und von seinem Fürsten mit einem Lohn bedacht wird, sollte sein Leben und seine Person nicht sein eigen nennen. Doch unter denen, die Militärdienst leisten, gibt es zwei Typen. Einmal die kleinen

---

* Dünne Sommerkleidung.

Gefolgsleute und *chûgen** oder Gehilfen, die Tag und Nacht keine Freizeit haben, aber nicht unbedingt ihr Leben für ihren Herren opfern müssen. Darum kann man sie nicht beschuldigen, wenn sie sich als nicht besonders geübt in den Kriegskünsten erweisen. Sie sind in Wahrheit nur Angestellte, die ihre Kraft als Arbeiter verkaufen, sonst nichts. Doch der *bushi* oder Samurai ist anders, denn er gibt als Diener des Fürsten auch sein Leben hin. Selbst sein Fürst ist ein Vasall, denn sollte Ärger im Reich aufkommen, muss er gemäß seinem Stand ebenso Kriegsdienst leisten. Das heißt, wenn er einen Clan von 100.000 *koku* hat, muss er 170 Reiter, 60 Bogenschützen, 350 Büchsenschützen, 150 Lanzenkämpfer und 20 Banner gemäß den Statuten der Regierung des Shoguns bereitstellen, während die Zahl der Männer, die darüber hinausgeht, in seinem Ermessen liegt und von der Fähigkeit seines Kommandanten abhängt. Neben dieser Streitkraft, die er in den Krieg führen muss, sollen auch noch genug Männer in der Burg zurückbleiben, um diese vor Angriffen schützen zu können. Obwohl er sie nicht die ganze Zeit braucht, muss er eine große Zahl von Samurai aller Arten bereithalten. Unter denen gibt es Unfähige und körperlich und geistig Behinderte, deren Defekte aber großherzig übersehen werden, so dass sie weiter ihren Pflichtteil beziehen können. Ein Gefolgsmann sollte bedenken, wie viele seiner Kameraden im ganzen japanischen Reich derart an ihre Herren durch einvernehmliche Zuneigung gebunden sind und dabei erhebliche Einkünfte beziehen, so dass zum Beispiel ein kleiner Lohn von einhundert *koku* in zehn Jahren zu einem Betrag von ein-

---

* Knappe.

tausend *koku* anwachsen kann, oder zu einer gar unermesslichen Summe, wenn er über mehrere Generationen der Familie gezahlt wird. Als Dank für diesen Gefallen verrichtet der Gefolgsmann seine übliche Arbeit in Friedenszeiten als Wächter, Beamter oder Inspektor, gewöhnliche Aufgaben, die man kaum als herausragenden Dienst bezeichnen kann. Doch zu jeder Zeit kann ein plötzlicher Ruf zu den Waffen ergehen, dann mag er seinen Platz als führender Lanzenkämpfer einnehmen oder bei einem Angriff auf eine Burg seinen Platz als Reiter der Vorhut oder, wenn seine Einheit eine Schlappe erleidet, als Bewacher der Nachhut beim Rückzug fungieren. Wenn seine Fähigkeiten denen des Fürsten oder Kommandanten entsprechen, könnte er sogar deren Platz einnehmen, sein Leben im Pfeilgewitter des Gegners dahingeben und einen glänzenden Tod sterben, ohne auch nur einen Fuß breit nachgegeben zu haben. Der tiefste Sinn im Dienste des Samurai liegt in der Tat darin, seinen Entschluss zu stählen und zu schreien: „*Marishiten* soll mein Zeuge sein, ich werde etwas tun, was kein anderer schafft!" Um dieses Ausmaß an Ergebenheit zu erreichen, kann er Körper und Seele nicht sein eigen nennen. Da er nie weiß, wann er solchen Dienst für seinen Fürsten leisten muss, darf er seine Gesundheit nicht durch übermäßiges Essen und Trinken oder übertriebenen Sex gefährden. Den Tod auf den Matten seines Hauses darf er nicht als angemessen für sich betrachten. Er muss sich ferner vor Streit mit seinen Kameraden hüten, der zu Verletzungen führen könnte, und davor, auf unloyale und pflichtvergessene Weise die sinnlose Verschwendung von Menschenleben zu riskieren. Darum ist es wichtig, sorgsam nachzudenken, bevor man spricht, denn aus

Worten entsteht Streit. Wenn der Streit hitzig wird, folgt die Misshandlung, und wenn ein Samurai den anderen misshandelt, kann die Angelegenheit kaum noch freundlich beendet werden. Wenn also irgendein Risiko für einen Streit besteht, erinnert euch daran, dass euer Leben nicht euch gehört, sondern eurem Fürsten. Zügelt euer Temperament, damit die Sache sich nicht hochschaukelt, denn das ist die Pflicht eines diskreten und loyalen Samurai.

Die Aufgaben eines Samurai

Die Aufgaben eines Samurai bestehen in militärischem Dienst und in Arbeiten an der Kontruktion. Wenn sich das Land im Krieg befindet, muss er Tag und Nacht im Lager und auf dem Feld sein und kann sich nicht einen Moment lang ausruhen. Konstruktion bezieht sich auf Bollwerke, Gräben, Barrikaden, befestigte Außenposten, an denen alle so schnell und angestrengt wie möglich arbeiten müssen. In Friedenszeiten allerdings gibt es keine Lageraufgaben und demzufolge auch keine Konstruktion jener Dinge, darum werden die verschiedenen Ränge der Samurai zu bestimmten Diensten als Wächter, Eskorte, Inspektoren usw. eingeteilt. Bald halten sie diese Arbeiten für die normalen einer Kriegerfamilie und den Felddienst für einen Traum aus der Vergangenheit. Wenn dann einmal den Daimyôs die Ehre zuteil wird, der Regierung des Shôguns in ihren Gebäuden zu assistieren und die Ausgaben dafür so hoch sind, dass sie einen Teil davon an ihre Gefolgsleute weitergeben müssen und einen Prozentteil von deren Löhnen erbitten, werden die darüber mürrisch als wäre eine solche Forderung unmäßig. Sie erkennen nicht, dass die Teilnahme sowohl an militärischen als auch an konstruktiven Aufgaben das gewöhnliche Geschäft eines Samurai ist. So trifft man welche an, die ihre normalen Aufgaben in Friedenszeiten schon als Härte ansehen, sich bei der geringsten Belastung ihren Pflichten entziehen und achtlos gegenüber den Umständen sind, die sie anderen aufbürden. Wenn sie als Reiseinspektoren ausgesandt werden, lehnen sie die Strapazen der Reise und die damit verbundenen Ausgaben ab und lassen sich auch davon freistellen, wodurch sie die Schwierigkeiten auf ihre Kameraden abladen, ohne auch nur im mindesten über die Verachtung beschämt zu sein, die sie ernten. Selbst wenn der Ort, an den sie gesandt werden, recht nahe liegt, beschweren sie sich offen darüber, zweimal an einem Tag losziehen zu müssen oder darüber, dass das Wetter schlecht sei. Menschen, die ihre Aufgaben mit so schäbigem Geist verrichten, als wären diese eine Last, sind nichts anderes als niedere Stallburschen oder Diener in den Häuten von Samurai.

Die Krieger, die zur Zeit der Bürgerkriege geboren wurden, waren ständig auf dem Feld, ihre Rüstungen unter dem Sommerhimmel versengt oder von Winterwinden durchbohrt, die durch deren Ritze bliesen. Sie waren vom Regen aufgeweicht und bedeckt vom Schnee, schliefen im Hochmoor und auf Hügeln ohne Kissen, nur in ihrem gepanzerten Schurz, mit nichts zu essen und zu trinken als ungeschältem Reis und Salzsuppe. Ob sie auf dem Feld kämpfen oder eine Burg angreifen oder verteidigen mussten, sie hielten das für keine besondere Belastung, sondern für ihre alltägliche Arbeit. Wenn wir darüber nachsinnen, wie wir, in Friedenszeiten geboren, im Sommer unter einem Moskitonetz schlafen und im Winter uns in Decken hüllen können, wie wir entspannt leben und zu jeder Tageszeit essen können, was uns beliebt, sollten wir uns in der Tat für glücklich halten. Es gibt keinen Grund, warum wir Innenwachdienst oder das Kontrollieren der Nachbarschaft als ernste Last betrachten sollten. Es gab einmal einen gewissen Baba Mino, einen ausgezeichneten Veteran im Hause Takeda aus Kai, der als sein Lebensmotto die vier Schriftzeichen niederschrieb und an eine Wand hing, die Folgendes besagten: „Das Schlachtfeld ist mein gewöhnlicher Wohnsitz."

Umsicht

Jeder, der von seinem Herren als Geschenk ein *kosode** oder *kamishimo*** erhält, das das Wappen des Fürsten aufweist, sollte sorgsam darauf achten, wenn er erstgenanntes trägt, ein *kamishimo* mit seinem eigenen Wappen darüber zu ziehen. Wenn er das *kamishimo* seines Fürsten trägt, sollte er ein *kosode* von sich darüber streifen. Wenn er nämlich in Kleidung herumläuft, die einzig das Wappen seines Fürsten zeigt, könnte er wie ein Verwandter des Herren wirken, und das wäre unhöflich. Wenn die Kleidung mit den Wappen des Fürsten zu alt wird, sollten die Wappen herausgeschnitten und verbrannt werden, damit sie nicht beschmutzt oder

* Wattiertes Seidengewand.
** Zeremonielle Tracht der Samurai in der Tokugawa-Periode.

mit mangelndem Respekt behandelt werden können.

Wenn einer eurer Nachbarn entweder sehr krank ist oder unter einem Trauerfall leidet, solltet ihr, selbst wenn ihr nicht sehr vertraut mit ihm steht, von Musik und lautem Gelächter Abstand nehmen und eurer Familie und euren Dienern das Gleiche auftragen – nicht nur aus Rücksicht darauf, was diese denken könnten, sondern um die Schande zu vermeiden, von Nachbarn und Kameraden als ungehöriger Flegel angesehen zu werden.

Aufzeichnungen

Selbst ein jüngst in Dienst getretener Samurai, noch mehr ein Veteran, sollte sich gut über die Familiengeschichte seines Fürsten informieren, ihren Ursprung, die Aufzeichnungen der Vorfahren und deren Verbindungen; doch ebenso über die Taten seiner Kameraden, wozu er die ältesten Mitglieder des Clans befragen sollte. Wenn er nämlich Außenstehende trifft und im Laufe einer Unterhaltung mangelnde Kenntnis dieser Dinge zeigt, wird man nur wenig von ihm halten, selbst wenn er in allen anderen Punkten ein guter Gefolgsmann ist.

Eskorte

Wenn ein Samurai seinen Fürsten auf einer Reise begleitet und sie bei einer Poststation ankommen, sollte er unbedingt vor Sonnenuntergang die Menschen der Gegend befragen und jeden Hügel und Wald, Schrein und Tempel verzeichnen; er sollte herausfinden, in welcher Richtung offenes Gelände liegt und wie der Zustand der Wege ist. Sollte nämlich nachts plötzlich ein Feuer ausbrechen und der Fürst flüchten müssen, wüsste der Gefolgsmann dann, wohin er ihn führen müsste. Wenn er seinen Fürsten zu Fuß begleitet, mag es als Kleinigkeit erscheinen, sich daran zu erinnern, auf Hügeln *vor* ihm und an Abhängen *hinter* ihm zu gehen, doch sollte ein Gefolgsmann das wirklich nie versäumen. Denn es ist die Pflicht eines Samurai, stets umsichtig und sorgsam darüber nachzudenken, wie er jede erdenkliche Hilfe in dem Dienst leisten kann, zu dem er berufen wurde.

Beamte

Es heißt, Beamte und weiße Kleidung seien am besten im Neuzustand, und wenn das auch witzig gemeint ist, halte ich es für wahr. Ein weißes *kosode* sieht wunderschön aus, wenn es neu ist, aber nachdem es eine Zeit lang getragen wurde, verschmutzen zuerst der Kragen und die Ränder der Ärmel, ehe es eine schmutzige Rattenfarbe annimmt und unansehnlich wird. Genauso gehorchen Beamte, wenn sie frisch und unerfahren sind, den Anweisungen ihres Fürsten pünktlich und widmen dem kleinsten Detail ihre Aufmerksamkeit, weil sie den Eid, den sie auf sich nahmen, respektieren und nicht verletzen wollen. So dienen sie ohne Gier oder Unehrlichkeit und man spricht im Clan gut von ihnen.

Nachdem sie aber eine längere Zeit im Amt sind, neigen sie dazu, die Ergebenheit der Menschen vorauszusetzen und entwickeln eine hohe Meinung von sich selbst, so dass sie ungebührliche Dinge vollbringen, die sie vorher nie getan hätten. Als sie noch neu im Amt waren, ließen sie Geschenke gemäß ihres Eides zurückgehen; oder sie machten dann, wenn es einen besonderen Grund für solche Zuwendungen gab, alsbald ein Gegengeschenk von gleichem Wert. Nach einer Weile aber entsteht in solchen Beamten ein lüsterner Geist, und während sie immer noch erklären, dass sie nichts annehmen und dabei ehrlich auftreten, stellt sich heraus, dass das nur ihre Tarnung ist, denn ihre scheinbaren Skrupel werden bald überwunden, so dass sie die Geschenke annehmen und als Gegengeschenk gar die Regierung berauben und parteiische Entscheidungen treffen. Diese Beschmutzung ist genau wie die dreckige Farbe weißer Kleidung. Beides unterscheidet sich jedoch darin, dass die letztgenannte Verschmutzung mit Lauge ausgewaschen werden kann, während die Flecken auf dem Herzen eines Mannes sich so festsetzen, dass sie nur noch schwer beseitigt werden können. Wenn ein Kleidungsstück zwei, drei Mal im Jahr gewaschen wird, genügt das, doch das Herz eines Menschen muss andauernd gereinigt, poliert und gespült werden, während man schläft und wacht, jeden Tag des Jahres ohne Unterlass, und selbst dann noch wird es leicht beschmutzt. So wie Lauge und ihre richtige Handhabung fürs Reinigen von Kleidung benötigt werden, so gibt es auch eine rechte Weise für das Reinigen der Herzen von Samurai. Es ist die Übung der drei Prinzipien von Loyalität, Pflichterfüllung und Tapferkeit, wobei die Lauge hier je nach Verschmutzung variiert. Manche werden es mit Treue und Beständigkeit versuchen, andere mit Loyalität und Pflichterfüllung. Einiger Schmutz wird jedoch so tief sitzen, dass er sich selbst dadurch nicht löst. Wenn aber nun noch Mut beigemischt wird, kann der Schmutz vollständig beseitigt werden. Das ist das tiefe Geheimnis der Reinigung eines Samurai-Herzen.

Geliehene und gestohlene Autorität

Ein Samurai kann sich die Autorität seines Fürsten borgen oder sie stehlen. Gleichsam kann der Fürst sie dem Samurai leihen oder sich stehlen lassen. Wenn ein Gefolgsmann ein wichtiges Amt innehat, kann er als junger Mensch oder auf niederem Rang von sozialen Gebräuchen oder der gegenwärtigen Mode verwirrt werden und muss seine Aufgaben unter der Ägide seines Herren ausführen. Es handelt sich hierbei um geliehene Autorität. Wenn er damit die Absichten seines Fürsten ausführt, die Menschen davon profitieren und er die Macht wieder zurückgibt, hat er sie mit rechter Umsicht benutzt. Wenn er aber gierig nach Ansehen wird und sie nur äußerst ungern wieder hergeben möchte, weil ihn seine Kameraden und sogar Außenstehende mit Respekt behandeln und als „Eure Hoheit“ und „Euer Ehren“ usw. titulieren, dann ist er einer, der Autorität stiehlt.

Verleiht ein Fürst seine Macht und verhilft seinen Gefolgsleuten so zu Ansehen, handelt er wie große Adelige und bekannte Kommandanten aus alten Zeiten. Wenn sie diese Macht nach dem Vollenden einer Aufgabe eigentlich hätten zurückfordern sollen, erlaubten sie manchmal aus einer lockeren Einstellung heraus, dass die Gefolgsleute sie noch ein wenig behalten durften, bis ein Ereignis eintrat, dass es schwierig machte, sie zurückzufordern, es sei denn durch Bezahlen eines Preises. Hier haben also die Gefolgsleute ihre Fürsten eindeutig der Macht beraubt. Das ist nicht nur eine große Schande für einen Fürsten, sondern verursacht ihm auch erheblichen Schaden. Denn wenn Gefolgsleute zu viel Macht bekommen, schwindet dadurch die ihres Fürsten. Wenn Menschen glauben, sie könnten bekommen, was sie wollen, indem sie den Vasallen verehren, der ja jeglichen Zugang zum Fürsten kontrolliert, werden sie nur daran denken, sich bei ihm einzuschmeicheln und den Fürsten bloß für zweitrangig halten, wodurch die wohlwollenden Beziehungen zwischen dem Herrn und seinem Gefolge verschwinden und loyale Samurai durch ihre Abwesenheit auffallen werden. Wenn dann ein Notfall eintritt, werden keine guten Männer mehr da sein. Die Gefolgsleute im Außendienst, diejenigen in friedvollen Ämtern wie auch die im persönlichen Umfeld des Fürsten werden von der Autorität eines solchen Vasallen unterdrückt, so dass sie in sich zusammenschrumpfen, was ihrem Fürsten natürlich auch nicht zum Vorteil gereicht. Denn sie werden nichts über Dinge sagen, die sie eigentlich bemerken sollten, sondern sie nur in ihren Herzen bedauern und im Privaten ihren Freunden gegenüber Gram äußern. Doch niemand wird aufstehen und dem Fürsten Bericht erstatten. So bleiben das willkürliche Verhalten und die Parteilichkeit eines Übeltäters dem Fürsten unbekannt, der nur gut von seinem Vasallen denkt und durch diese Nachlässigkeit großes Unglück verursacht. Die Unfähigkeit zu erkennen, wie Menschen wirklich sind, passt nicht zu einem Fürsten oder Kommandanten.

Ein Mann dieser Art, der sich nicht darum schert, was sein Fürst denkt, wird auch der Meinung seiner Kameraden kaum Gehör schenken. Er wird die kleinen Beamten bevorzugen und denen, die seine Freunde und Vertraute sind, Geld aus dem Besitz des Fürsten zukommen lassen und ihre Gegengeschenke für sich behalten. Wenn er seine Gäste unterhält, kommen Fisch, Wein und Kuchen aus der Küche des Fürsten. Nach dem Prinzip: „Was dem Fürsten gehört, gehört auch mir, was mir gehört, gehört nur mir", schwächt er den Besitz seines Fürsten und verursacht große Verluste. Denkt darüber tief nach und vergesst nie, bescheiden zu bleiben und alle Ansprüche zu unterdrücken, wenn ihr von eurem Fürsten ein Privileg erhaltet, damit nichts den Glanz seines Ruhmes verdunkelt. Wie die Alten sagten: „Der loyale Gefolgsmann verwirklicht nicht seine eigene Existenz, sondern die seines Fürsten."

Über den Steuerwucher

Für einen Samurai sind die Aufgaben, die mit dem Schatzamt des Fürsten in Verbindung stehen, die schwierigsten. Denn mit nur gewöhnlichem Wissen ist es schwer, für des Herren Wohl zu sorgen, ohne anderen Entbehrungen aufzubürden wie Gefolgsleuten, Bauern auf dem Land und den Bürgern in der Burg. Wenn ihr ausschließlich an die Interessen des Fürsten denkt, werden die niederen Leute zu kurz kommen, und wenn ihr bloß sie zufrieden stellen wollt, wird euer Fürst nicht gut dabei wegkommen. Es wird also ganz sicher irgendwo ein Mangel bestehen. Wie klug und scharfsinnig ein Samurai auch von Natur aus sei, die Krankheit der Habgier fängt er sich leicht ein. Wenn er den wirtschaftlichen Haushalt des Fürsten kontrolliert und Geld für andere Ausgaben auftreiben muss, könnte er wichtigtuerisch werden und dem Luxus verfallen, ferner den Plan fassen, das Geld des Fürsten zu veruntreuen, Häuser zu bauen, Raritäten zu sammeln und sich elegante Gewänder zuzulegen. Diesen Typ kennt man als stehlenden Gefolgsmann.

Es gibt den Beamten, der ein neues System entwickelt, das sich von dem des vorangegangenen Fürsten unterscheidet, und dem neuen Herrn versichert, es sei zu dessen Bestem. Es ist ihm egal, wie sehr seine Kameraden darunter leiden, dass die Bürger der Burg höhere Abgaben zahlen müssen und die Bauern mehr Steuern für ihren Grund und Boden. Er denkt nur daran, in nächster Zukunft mehr Geld einzunehmen, ohne auf das Wohl des Volkes zu achten. Dabei mag er inkompetente Ratgeber und Ältere täuschen, so dass sie ihm unangemessene Lohnerhöhungen bewilligen. Doch sollten sich seine neuen Regeln als undurchführbar oder ineffektiv erweisen, wird er so tun, als hätten die Ratgeber und Älteren sie erfunden und sich der Strafe entziehen, indem er sich hinter ihren Rücken versteckt. Diesen Typ nennt man den steuerwuchernden Gefolgsmann.

Obwohl die zuvor erwähnten stehlenden Gefolgsmänner auf eine dem Samurai unangemessene Weise den Besitz des Fürsten verschwenden und dadurch die Gerechtigkeit pervertieren, ist diese Angelegenheit dann erledigt, wenn die Strafe des Himmels sie trifft und dies durch ihren persönlichen Ruin offenbar wird. Dann fühlt sich das Volk nicht länger niedergedrückt und der Ärger in der Verwaltung nimmt ebenso ab wie die Verluste in der Provinz. Doch der steuerwuchernde Beamte verursacht eine viel stärkere Verletzung, die schwieriger zu heilen ist. Denn der Verwaltung des Landes zu schaden ist das größtmögliche Verbrechen, selbst wenn keine persönliche Gier und Unterschlagung beteiligt sind. Darum erklärten die Weisen alter Zeiten, dass es besser sei, einen stehlenden als einen steuerwuchernden Beamten zu haben. Für einen Samurai gibt es nichts Schlimmeres als in den Ruf eines Veruntreuers zu gelangen, doch die Alten verdammten den Wucherer noch mehr. Wenn also der Dieb durch Köpfen bestraft wird, sollte der Wucherer gekreuzigt werden. Das war das Urteil vergangener Zeiten. Heute betrachtet man beide gleichermaßen als grässliche Verbrecher, die das eigene Nest ausfüllen, indem sie so tun, als arbeiteten sie zum Wohle des Fürsten. Bei einem solch schweren Vergehen ist es nicht einfach, die angemessene Strafe zu benennen.

Ein Dieb werden

Niedere Gefolgsleute müssen zur gleichen Zeit ihren verschiedenen Vorgesetzten gegenüber folgsam sein wie auch Geduld gegen die ungleichen Qualitäten ihrer Kameraden aufbringen. Wenn sie das große Glück haben, befördert zu werden und selbst den Befehl über eine Kompanie zu erhalten, sollten sie ihren Untergebenen freundlich und aufmerksam begegnen und gleichzeitig ihren eigenen Pflichten gegenüber dem Fürsten nachkommen. Es ist wohl unnötig zu betonen, dass sie nicht parteiisch oder kriecherisch sein sollten, doch wenn sie mit der Zeit auf leitende Positionen gelangen, läuft ihre Einstellung Gefahr sich zu ändern. Zum Beispiel waren Sakuma, ein Vasall des Oda, und Uozumi, ein Vasall von Hashiba, als bescheidene Samurai zunächst bewundernswert. Doch sie taten Schlechtes, als sie zu hohen Ämtern kamen und wurden deshalb von ihren Fürsten fallengelassen. Bald waren sie infolgedessen ruiniert.

Faulheit

Wie ich zu Beginn sagte, muss ein Samurai im Heute leben und darf sich nicht ums Morgen sorgen. Wenn er Tag für Tag eifrig und genau das erledigt, was zu tun ist, gibt es keinen Grund für ihn, Scham oder Bedauern zu empfinden. Ärger entsteht, wenn Menschen sich von der Zukunft abhängig machen, faul werden und Dinge vernachlässigen oder wirklich wichtige Angelegenheiten nach langen Diskussionen beiseite legen, ganz abgesehen von den weniger wichtigen, weil sie glauben, dass sie sich genauso gut am nächsten Tag darum kümmern könnten. Sie schieben eine Sache einem Kameraden zu und machen für eine andere den nächsten verantwortlich, versuchen jemanden zu finden, der ihre Aufgaben für sie erledigt, und wenn das schief geht, lassen sie alles liegen, bis sich schon bald ein Stapel unerledigter Arbeiten angehäuft hat. Dieser Fehler entsteht, weil sie sich von der Zukunft abhängig machen. Ihr solltet euch davor hüten. Wenn man zum Beispiel zu einer Wache eingeteilt ist, muss man genau ausrechnen, wie lange man zum Ort des Einsatzes braucht, so dass man gerade etwas zu früh dort ankommt und den Dienst übernehmen kann. Einige Dummköpfe verschwenden erst einmal ihre Zeit mit Rauchen, wenn sie schon losziehen sollten, oder schwatzen mit ihren Frauen und Kindern, verlassen dann ihr Haus zu spät und müssen sich folglich beeilen, so dass sie die Menschen auf der Straße nicht erkennen, an denen sie vorbeirennen. Wenn sie an ihrem Zielort ankommen, schwitzen sie und wedeln selbst in kalten Jahreszeiten mit ihren Fächern; dann müssen sie einleuchtende Erklärungen für ihr Zuspätkommen finden und eine ungeheuer dringende Angelegenheit anführen, die sie noch zu erledigen hatten. Wenn ein Samurai Wache in der Burg seines Fürsten halten muss, sollte er niemals aus privaten Gründen zu spät kommen. Und wenn jemand dafür Sorge trägt, ein bisschen zu früh am Einsatzort zu sein, dann jedoch auf einen Kameraden warten muss, der zu spät kommt, sollte er sich weder hinhocken und gähnen, noch sollte er sich beeilen fortzukommen, wenn seine Dienstzeit um ist, als befände er sich nur widerstrebend in den Gemächern des Fürsten, denn solches würde überhaupt nicht gut aussehen.

Auf dem Weg

Sollten sich beim Durchqueren eines Flusses oder auf einem Fährboot zwei Daimyôs begegnen und zwischen ihren Gefolgsleuten ein Disput ausbrechen, an dem sich ihre Kameraden beteiligen, wodurch ein allgemeiner Streit entsteht, wird es schwer sein, ihn zu beenden, wenn beide Fürsten ebenfalls darin verwickelt sind. Erinnere dich daran, dass Streit von unten entsteht, also beschwöre, wenn du mit deinem Fürsten reist, jeden bis zum niedrigsten Rang, nichts Unvernünftiges zu tun.

Wenn du deinen Fürsten zu Fuß in Edo begleitest, einen anderen Daimyô auf dem Weg triffst und ein junger Samurai an der Spitze deiner Gruppe in ein Wortgefecht gerät und niedergestreckt wird, musst du sofort bereit sein, die Lanzen des Fürsten vom Träger zu bekommen. Ist es unmöglich, die Angelegenheit friedlich zu bereinigen und ziehen alle Gefolgsleute ihre Schwerter und beteiligen sich an dem Kampf, solltest du sofort das Pferd des Fürsten an die Seite seines Palankins bringen und ihm beim Aufsteigen helfen, seine Lanze aus der Hülle ziehen und ihm übergeben und zur gleichen Zeit bereit sein, das eigene Schwert zu ziehen und die eigene Lanze zu halten.

Wenn du deinen Fürsten zu einem unterhaltsamen Ort begleitest und dort eine Störung in den Zimmern zu entstehen droht, solltest du mit dem Schwert in der Hand auf die Veranda gehen und den Gehilfen verkünden: „Ich bin Soundso, ein Gefolgsmann des Fürsten Soundso. Weil es dort drinnen unruhig wird, mache ich mir etwas

Sorgen um meinen Fürsten und habe mich deshalb so weit herausgewagt." Vielleicht antworten dann die Gehilfen: „Wir glauben nicht, dass etwas Ernstes anliegt, obwohl es natürlich ist, dass du dich sorgst. Doch weil deinem Fürsten keine Gefahr droht, beruhige dich nun wieder." Das kannst du deinen Kameraden berichten. Jeder wird sich freuen, solches zu hören. Dann solltest du den Gehilfen fragen, ob der Fürst dich empfängt, und wenn du ihn gesehen hast, dich gleich wieder zurückziehen.

Gefühle zeigen

Ein Samurai, der etwas Besonderes für seinen Fürsten getan hat, das er selbst für außerordentlich hält und wofür ihn andere loben, sollte bedenken, dass der Fürst ganz anders darüber empfinden mag. Selbst wenn er innerlich bewegt ist, mag ihn etwas daran stören. Wenn also der Gefolgsmann keine Belohnung erhält und glaubt, dass seine Leistung übersehen wurde, wird er sich womöglich unzufrieden über die Undankbarkeit des Fürsten zeigen. Es muss nicht betont werden, dass dies der Irrtum eines Mannes ist, der nicht achtet, was wahrer Dienst bedeutet.

Die Samurai der Bürgerkriegszeiten waren unzählige Male auf dem Schlachtfeld und riskierten freien Herzens ihr Leben für ihre Fürsten und Kommandanten, doch redeten sie nicht über ihr Verdienst oder ihre mutigen Taten. Dienst in Friedenszeiten besteht dagegen bloß aus dem Rumrutschen auf Matten, dem Aneinanderreiben von Handrücken und dem Schlagen von Schlachten mit ein paar Zentimetern Zunge, jedoch gewiss nicht darin, das Leben im Krieg zu riskieren. Doch ob im Frieden oder Krieg, es ist die Pflicht der Samurai, genau im selben Geist der Loyalität zu dienen. Ob das, was sie tun, etwas Lobenswertes ist oder nicht, bleibt dem Urteil ihres Fürsten überlassen. Es genügt, wenn sie entschlossen ihre Aufgaben erledigen und keine Unzufriedenheit äußern.

Loyal sterben

Ein Samurai schuldet seinem Fürsten viel und denkt womöglich, er könne dies kaum zurückzahlen, außer wenn er *junshi* beginge, d.h. ihm in den Tod folge. Doch das ist vom Gesetz her verboten, und bloß den üblichen Dienst von den häuslichen Matten aus zu leisten auch nicht wünschenswert. Was bleibt da noch? Ein Mann mag sich eine Gelegenheit wünschen, etwas Herausragenderes zu tun als seine Kameraden, sein Leben hinzugeben und etwas zu erreichen. Wenn er entschlossen seinen Geist auf solches ausrichtet ist das hundert Mal besser als *junshi* zu begehen. So kann er zum Retter nicht nur seines Fürsten, sondern all seiner Samuraikameraden von niederem und hohem Rang werden, an den man sich bis ans Ende der Zeiten als beispielhaften Krieger erinnert, der die drei Qualitäten der Loyalität, des Glaubens und der Tapferkeit in sich vereinte.

Stets verfolgt allerdings ein böser Geist die Familie einer Person von Rang. Zuallererst verflucht der Geist diese Familie, indem er den Tod eines jungen Samurai infolge eines Unfalles oder einer Epidemie verursacht, der die drei Tugenden eines Kriegers besaß und von großem Wert für seinen Fürsten und den gesamten Clan in der Zukunft zu werden versprach, dessen Verlust also ein harter Schlag ist. Amari Saemon, der Kommandant der Samurai von Takeda Shingen, verunglückte als junger Mann bei einem Sturz vom Pferd tödlich, was dem Werk des verderblichen Geistes von Takasaki Danjô zugeschrieben wurde, der schon lange diese Familie heimgesucht hatte.

Als Nächstes wird der böse Geist in denjenigen unter den Ratgebern, Älteren oder Samurai einfahren, dem der Fürst am meisten vertraut, damit er den Geist des Fürsten verwirre und ihn zu Ungerechtigkeit und Unmoralischem verführe. Beim Täuschen des Fürsten kann der Samurai sechs Wege beschreiten.

Zuerst könnte er den Fürsten davon abhalten, irgendetwas zu hören oder zu sehen und es bewerkstelligen, dass die anderen Gefolgsleute ihre Ansichten nicht äußern können oder, selbst wenn sie es tun, diese Ansichten nicht angenommen werden; es gelingt ihm, dass sein Fürst nur ihn als unverzichtbar ansieht und alles tut, um ihn zu halten.

Zweitens kann er dafür sorgen, dass ein vielversprechender Gefolgsmann, der dem Fürsten nützlich werden könnte, in eine andere Gegend versetzt und vom Fürsten ferngehalten wird, stattdessen aber nur eigene Verbindungsleute, die mit ihm übereinstimmen, ihm ergeben sind und nie widersprechen, in die Nähe des Fürsten lassen; so verhindert er, dass sein Fürst je etwas über seinen extravaganten und anmaßenden Lebensstil erfährt.

Drittens könnte er seinen Fürsten überzeugen, eine weitere Gemahlin zu nehmen, weil er nicht genügend Nachfahren habe, und junge Frauen herbeischaffen, ohne zu fragen, aus welchen Familien sie stammen, solange sie nur gut aussehen. Dann wird er Tänzer, *Biwa**- und *Shamisen***-Spieler versammeln und dem Fürsten versichern, dass diese nötig seien, um ihn zu zerstreuen und seine Langeweile zu vertreiben. Selbst ein Fürst, der von Natur aus klug und energisch ist, neigt dazu, von weiblichen Reizen abgelenkt zu werden, mehr sogar als einer, dem es an solchen Eigenschaften mangelt. Seine Unterscheidungskraft wird ihn folglich verlassen, er wird nur noch ans Vergnügen denken und davon immer abhängiger werden, bis er sich schließlich ganz Tanz und Frohsinn hingibt und zu jeder Tages- und Nachtzeit Trinkgelage abhält. Seine Zeit wird er nur noch in den Gemächern der Frauen verbringen, ohne an offizielle und administrative Aufgaben zu denken, und er wird allein den Gedanken hassen, über diese Dinge mit seinen Ratgebern reden zu müssen. Alles bleibt daher in den Händen des einen bösen Gefolgsmannes, der Tag für Tag seine Macht ausbaut, während all die anderen zu bloßen Nullen mit zusammengepressten Lippen und verkniffenen Mienen werden; so entwickelt sich das ganze Haus vom Schlechten zum Schlimmsten.

---

* Musikinstrument, das einer Laute ähnelt.
** Jap. Saiteninstrument.

Viertens könnten unter solchen Umständen, in denen alles geheim gehalten wird, Ausgaben anwachsen, alte Bestimmungen durch neue ersetzt und Zuteilungen beschnitten werden, so dass die niederen Ränge in große Not gerieten, um die sich niemand kümmerte, nur damit ihr Fürst im Schoß des Luxus leben könnte. Wenn die Betroffenen auch öffentlich nichts sagen würden, herrschte unter allen Gefolgsleuten die größte Unzufriedenheit. Nach einer Weile gäbe es keinen mehr, der einzig seinem Fürsten treu wäre.

Fünftens sollte zwar ein Daimyô vor allem auf dem Weg des Kriegers erfahren sein, doch wird in einer Zeit des Friedens der bösartige Ratgeber sich sowieso nicht darum scheren und überhaupt kein Interesse an Kriegskunst und an einem Besuch der Armee zeigen. Jeder in der Familie wird diese Einstellung gern teilen, keiner wird sich mehr um militärische Pflichten kümmern oder Zuteilungen für Waffen und Zubehör machen, sondern alle werden sich nur um die Gegenwart kümmern. Niemand, der die Familie in diesem Zustand sähe, würde glauben, dass ihre Vorfahren bekannte Krieger waren. Sollte eine Krise eintreten und die Familie unerwartet treffen, würde nur noch Konfusion herrschen, niemand wüßte, was zu tun sei.

Sechstens wird ein Fürst, der so dem Vergnügen, der Trunksucht und der Liebelei verfallen ist, immer verwahrloster, bis seine Gesundheit angegriffen ist. All seine Gefolgsleute werden demotiviert, es wird ihnen an Ernsthaftigkeit mangeln, wenn sie ohne Führung von oben von einem Tag zum nächsten leben. Schließlich mag durch den Einfluss jenes bösen Geistes dem Fürsten etwas zustoßen.

Dieser Mann, der die Ursache für all das ist, dieser rachgierige Feind seines Herren und böse Geist seines Hauses, wird ohne Zweifel vom ganzen Clan verwunschen werden, aber selbst dann wird nichts weiter passieren, als dass neun oder zehn Gefolgsleute zusammenkommen, um ihn anzuklagen und durch einen Krieg mit Argumenten zu verurteilen, ohne dass sie sich die Hände schmutzig machen. Doch in diesem Fall kann die Angelegenheit nicht aufgeklärt werden, ohne sie öffentlich zu machen. Dann werden der Fürst und sein Haus einer Untersuchung unterzogen, die Dinge werden ernster und möglicherweise ein Urteil durch die Regierung des Shôguns verhängt. Zu allen Zeiten kam der Familienzweig eines Fürsten zum Verlöschen, wenn ein Daimyô sich als unfähig erwiesen hatte, dessen Angelegenheiten zu regeln und von der Regierung diszipliniert worden war. Ein Sprichwort sagt: „Wenn du das Horn geradebiegen willst, tötest du den Ochsen, wenn du die Ratten jagst, verbrennst du den Schrein." Wenn also das Haus des Fürsten ruiniert ist, werden seine Gefolgsleute entlassen und verlieren ihren Lebensunterhalt. Deshalb ist es am besten, diesen großen Schurken von Ratgeber, der der böse Geist des Hauses ist, zu ergreifen und entweder zu erstechen oder ihm den Kopf abzuschlagen, um damit ihm und seinen korrupten Taten ein Ende zu setzen. Dann musst du selbst sofort *seppuku* begehen. Denn so wird es keine Verhandlung oder Verurteilung bezüglich der Person des Fürsten geben und der gesamte Clan kann weiterhin in Sicherheit leben, ohne dass es offenen Ärger im Land gäbe. Wer so handelt, ist ein vorbildlicher Samurai, der etwas vollbringt, was hundert Mal besser ist als *junshi*, weil er die drei Qualitäten von Loyalität, Glauben und Tapferkeit besitzt und einen ruhmreichen Namen für die Nachwelt hinterlässt.

Literarische und ästhetische Dinge

Bushidô beinhaltet zuerst die Eigenschaften der Stärke und Wucht, doch wenn man nur diese eine Seite entwickelt, ist man nichts als ein ungehobelter Samurai ohne großen Wert. Ein Gefolgsmann sollte also belesen sein und sich, wenn er die Zeit erübrigen kann, im Verseschmieden und der Teezeremonie üben. Wenn er nicht studiert, wird er nicht den Grund vergangener wie gegenwärtiger Dinge verstehen. Wie weltgewandt und scharfsinnig er auch sein mag, er wird sich selbst im Nachteil finden in Zeiten, die das Lernen fördern. Wenn man ein grundlegendes Verständnis der Angelegenheiten des eigenen Staates und fremder Länder hat, sorgsam die drei Prinzipien von Zeit, Ort und Rang bedenkt und dem besten Weg folgt, wird man in seinen Einschätzungen kaum danebenliegen. Darum rate ich, dass ein Samurai lerneifrig sein sollte. Wenn er allerdings schlechten Gebrauch von seinem Wissen macht, meinungsbeladen wird und auf die Ungebildeten herabschaut, weil sie es noch nicht bis auf seine Stufe geschafft haben, und wenn er alles Fremde verehrt und alles für schlecht hält, was nicht chinesisch ist, wenn er so voreingenommen ist, dass er nicht erkennt, dass ein Ding, so gut es auch in der Theorie funktionieren mag, zur gegenwärtigen

Zeit für Japan unpassend sein kann, dann hat sein Lernen nicht viel Gutes gebracht. Mit dieser Mahnung im Hinterkopf sollte der Samurai studieren.

Verseschmieden ist ein Brauch unseres Landes, große Soldaten aller Zeiten waren darin geschickt, so dass selbst ein bescheidener Gefolgsmann gut daran tut, bei Gelegenheit einen Vers zu dichten. Wer gänzlich davon aufgesogen wird und seine gewöhnlichen Aufgaben vernachlässigt, wird weich in Körper und Geist und alle kriegerischen Eigenschaften verlieren bis er nur noch wie ein Hofsamurai aussieht. Besonders dann, wenn man sich zu sehr diesen kurzen *Haikai**-Versen widmet, die gerade in Mode sind, kann man leicht schlagfertig, geistreich und witzig werden, selbst in Gesellschaft ernster und reservierter Kameraden. Mag das in der heutigen Gesellschaft auch amüsant sein, ein Samurai sollte diese Haltung vermeiden.

Die *Chanoyu*** war seit den Zeiten der Kyoto-Shôgune ein besonderes Anliegen der Militärklasse. Auch wenn man jetzt noch kein begeisterter Anhänger davon ist, ist man willkommen, daran teilzunehmen und neben Menschen hohen Ranges zu sitzen, so dass man zumindest lernt, wie man das Teezimmer und sein Umfeld zu betreten hat, wie Arrangements und Vorgänge zu verstehen sind und wie die Mahlzeit korrekt zu essen und der Tee richtig zu trinken ist. Um die Regeln der Zeremonie zu erlernen, sollten Unterrichtsstunden bei einem Teemeister genommen werden. Das Teezimmer ist sehr

---

* Auch *Haiku,* siebzehnsilbiges Gedicht.
** Teezeremonie.

nützlich für den Genuss von Entspannung und Ruhe, weit weg von Protzerei und Luxus. Darum findet man auch auf den Grundstücken der Reichen und Beamten diese strohgedeckten Hütten mit Pfeilern aus Naturholz und Dachsparren aus Bambus, die in ihrer Schlichtheit in ein stilles von Bergen umgebenes Tal eingebettet zu liegen scheinen, mit einfach vergitterten Fenstern, Bambusblenden und einer rustikalen Eingangspforte. Auch die Teekessel und die anderen Utensilien sind ohne jedes verlogene Ornament, doch von reiner und zurückhaltender Form, die gänzlich die Unreinheiten des täglichen Lebens meidet. Daraus spricht ein Geist, der – kultiviert – meines Erachtens den Weg des Kriegers versüßen wird.

Man kann einen Platz für *Chanoyu* auch gestalten, wenn man nur Bilder von gegenwärtigen Malern, Teeutensilien moderner Töpfer und einen Teekessel aus Ton besitzt, da preiswerte Dinge mit dem kargen Weg der Teezeremonie in Einklang stehen. Doch bei allem neigt das Einfache dazu, kompliziert zu werden, Luxus mag auftauchen und zum Beispiel dann, wenn man jemandes Ashiya-Teekessel sieht, eine Art Abscheu vor dem eigenen Tonkessel entstehen, so dass man sich bald wünscht, nur noch Utensilien von Wert zu besitzen. Dann entwickelt man ein Auge für guten Handel und Kennerschaft, so dass man ein edles Teil für eine kleine Summe zu erstehen lernt. Wenn man etwas Attraktives in eines anderen Haus entdeckt, wird man den Besitzer dauernd deswegen belästigen oder etwas dafür tauschen wollen, natürlich in der Absicht, das Beste für sich selbst zu bekommen. Das ist die Natur eines Feilschers und degradiert den Weg des Kriegers zu dem des bloßen

Händlers. Ehe man eine solche Art von Teezeremonie praktiziert, sollte man lieber gar nichts von ihr verstehen und nicht einmal wissen, wie man Pulvertee trinkt. Es ist besser, ein bisschen ungehobelt zu sein als den Wert des *Bushidô* zu vermindern.

Über den Autor

Daidôji Yûzan erlebte von Iemitsu bis Yoshimune sechs Shôgune. Als Gefolgsmann des Tokugawa-Hauses war er mit den Lehren des Weisen Mitsukuni vertraut, der Fürst von Mito war. Siebzehn Jahre lang war Yamaga Sokô, ein weiterer bedeutender Verfasser von Schriften über *Bushidô*, sein Lehrmeister. Dessen Schüler Ôishi Yoshio starb in jener Zeit als Führer der Gruppe der berühmten 47 Rônin von Akô. Ein weiterer Zeitgenosse, Arai Hakuseki, hat mit seiner Autobiografie ein anschauliches Bild einer Samurai-Familie hinterlassen, die Daidôjis Ideal sehr nahe kam. Umgeben von diesen Koryphäen japanischer Kriegskunst, wurde Daidôji inspiriert, Anweisungen für den *bushi**, den Krieger, zu verfassen, die althergebrachte Traditionen stärken sollten.

Daidôji Yûzan entstammte einer Samurai-Familie, die sich auf den Clan von Taira Korehira (10. Jhd.) zurückführen ließ, daher auch sein Alternativname Taira Shigesuke. Sein Vorfahre in fünfter Generation war Shigetoki, älterer Bruder des Ise Shinkurô Nagauji, der als Hôjô Sôun, Fürst von Odawara, bekannt wurde – einer der herausragendsten Kriegsverwalter seiner Zeit. Shigetoki übernahm den Namen Daidôji von dem Dorf, in dem er sich zur Ruhe setzte. Sein Enkel Masashige beging Selbstmord, als Odawa-

* Weil der Ausdruck *Samurai* den Lesern vertrauter ist als *Bushi*, wird hier ersterer verwendet. *Bushi* würde nicht nur den Gefolgsmann, sondern auch den *Daimyô* oder Feudalfürsten einschließen. Das Wort *Samurai* wurde ab dem 10. Jahrhundert für den militärischen Gefolgsmann gebraucht, im 12. Jahrhundert dann von der Kamakura-Regierung als offizielle Bezeichnung der Kriegsabteilung (*samurai-dokoro*, wörtlich: Ort der militärischen Gefolgsmänner) eingeführt.

ra 1590 von Toyotomi Hideyoshi eingenommen wurde; sein Sohn Naoshige wurde Vasall von Tokugawa Hidetada und kämpfte in der Schlacht von Ôsaka. Daidôjis Vater Shigehisa war Vasall des Tokugawa Tadateru, Tokugawa Ieyasus sechstem Sohn und jüngerem Bruder von Hidetada, der seinen ganzen Clan verlor. Daidôji scheint seinem Vater als Gefolgsmann des Tokugawa Tadateru eine Weile gefolgt zu sein, während er studierte und zu einem konfuzianischen Gelehrten und Experten für Militärangelegenheiten wurde, was ihm einen Posten als Berater des Fürsten Matsudaira von Aizu einbrachte. Er zog sich zwischenzeitlich nach Iwabuchi in Musashi zurück, lebte später aber wieder im Hause Matsudairas, Echizen no Kami, dem Vorsitzenden der Kamon, der Häuser mit direkter Verwandtschaft zum Shôgun. Daidôji galt als einer, der selbst praktizierte, was er anderen empfahl. Er verfasste auch das *Iwabuchi Yawa* (Abendgespräche in Iwabuchi), eine Serie von Anekdoten über Tokugawa Ieyasu, dessen Verbündete und Nachfolger, und über die Stadt Edo, die sie aufbauten, sowie das *Taishôden* (Aufzeichnungen großer Kommandanten) und *Goshinron* (Aufsätze über fünf Vasallen).

Danksagungen

Erneut gilt mein Dank Gabriel Fuder, dem Sponsor dieses Buches. *Advanced Film-Verleih,* besonders Frau Christine Koch, und *Hanway* für die Möglichkeit, dieses Buch zum Film herausbringen zu dürfen und für hilfreiches Material. Elisabeth Leibold, die mit professionellen Korrekturen und Ergänzungen zur Seite stand. Jakob Cimiotti, der mir ausführlich per email erklärte, was ich an japanischen Ausdrücken nicht verstand. Und der *Japan Foundation,* die im Jahre 1941 für die internationale Verbreitung dieses Grundlagenwerkes gesorgt hat, das für die Samurai-Erziehung einst wichtiger war als das inzwischen bekannter gewordene *Hagakure.*

Guido Keller Frankfurt, Januar 2001

Bibliographie

A. L. Sadler, *The Beginner's Book of Bushidô* (Kokusai Bunka Shinkokai/The Japan Foundation 1941)

Arano Kurihara, *Koshu Hagakure* (Seichosha 1975)

Yûzan Daidôji, *Budô shoshin shû* (Tokuma Shoten 1973), kommentiert von Yoshida Yutaka

Anhang

(Auszug aus einem Artikel über Takeshi Kitano und seine Filme, 1998 im Internet veröffentlicht unter: www.kinokiller.de)

Bleihaltige Baller-Haiku

„A pimp must look after his girl or work for himself."* So klärt der *Violent Cop* (1989) im gleichnamigen Film einen Zuhälter auf, der seine Freundin schlecht behandelt. Takeshi Kitano spielt den Cop und führt sich damit ein, dass er einen Jungen verprügelt, der zuvor auf einen zahnlosen Penner losgegangen ist. Mit roher Gewalt wird auch weiter auf Probleme reagiert, doch wo sie die Filme von John Woo wie die Choreographie eines Munitions-Epos durchzieht, setzt Kitano unvermittelt Akzente, die nicht selten die Bauchmuskeln der Zuschauer schütteln ob ihrer gnadenlosen Direktheit. Dabei sind Kitanos Filme auch in ihren ruhigen Momenten durchaus komisch und zynisch. In einer Bar belauscht man ein Gespräch: „We sell guns, mail order." Der Cop leiht sich Geld von seinen Freunden, lässt prinzipiell sie alle Ausgaben bezahlen und antwortet auf die Frage: „How did you become a cop?" mit „Through friends." Als ein Gangster drei Polizisten zusammentritt, trampelt Kitano auf diesen Kollegen gleich nochmals herum, weil sie sich so unfähig anstellten. Genauso beiläufig und überraschend wie Unbeteiligte ins Gras beißen müssen, sehen wir Kitano nach seinem Rausschmiss bei der Polizei durch Kunstausstellungen schlendern

---

* Die Filme waren damals auf Video englisch untertitelt.

und Baseball spielen, um sich die Zeit zu vertreiben, als wäre es geradezu egal, ob er das eine oder das andere tut. Wer würde schon erwarten, eine Frau, die eben noch vergewaltigt wurde, „Tipp-Kick“ spielen zu sehen, oder – wie in *Sonatine* (1993) – Mafiosi (und hier ist Kitano einer von ihnen) beim Imitieren eines Geishatanzes oder beim Zurechtschneiden von Papierfiguren, mit denen dann ein kindischer Boxkampf aufgeführt wird?

Diese Filme, die auf Video bereits Kult sind, müssen auf einer großen Leinwand gezeigt werden. Wie erst wirkte dann eine solche Szene: Die Mafiosi ziehen sich auf eine Insel zurück. Die bunten Hemden der Gangster leuchten dabei stark wie der blaue Himmel, unter dem sie später eine herrliche Strand-Parodie auf das Sumo-Ringen veranstalten. Machospiele wie das Herabschießen von Dosen von den Köpfen der Kameraden oder russisches Roulette wechseln sich ab mit ausgelassenem, erfolglosem Ballern auf Frisbeescheiben und dem Bauen von Fallgruben, in die dann reihenweise Gangsterkumpanen purzeln. Auf einen Satz, der jedem toughen Filmganoven die Brust anschwellen lassen müßte, „It's great not to be afraid of shooting other people“, antwortet Kitanos Figur lapidar einer Schönen: „It's great not to be afraid of showing your tits.“ Lakonik wird neu definiert, wenn Kitano, nachdem ein Killer einige seiner Weggefährten dahingerafft hat, in der nächsten Szene einfach alleine weiter Frisbee spielt; und wenn, nach der Sprengung ihres Wagens, einer der Gangster stoisch bemerkt: „Now we must walk back.“ Die Fahrstuhlballerei, ein Höhepunkt von *Sonatine,* ist ein weiteres Beispiel von Kitanos Sinn für Überraschungen, Tempiwechsel und Schnittkunst. Erst bei mehrmaligem Hinsehen erschließt sich die ganze Dramatik dieser kurzen Schießerei. Kitanos Filme sind wie Renga, wie japanische Kettengedichte, die aus vielen kleinen Einheiten, die einen Bezug zueinander haben, und aus einigen herausragenden Zeilen bestehen, die bei ihm aber nicht einfach voller Schönheit erscheinen, sondern wie kurze, knappe Gewalt-Gedichte. Unwiderstehlich, präzise, treffend, nachhallend. Bleihaltige Baller-Haiku.

Kitanos Figuren essen gerne Eis. Das sehen wir auch in *Boiling Point* (1990), wo er selbst als Gangster daherkommt, der seine Gegner mit dumpfen Kopfnüssen ausknockt. Wieder begegnen uns Narren und Hypochonder wie Kitano sie liebt, während er für die wirklich Bösen nur Kugeln übrig hat. Ein Angler spricht ein Pärchen im Zug an: „Sweethearts, you've screwed already." Ein Pachinko*-Spieler beschwert sich, dass er nichts gewinnt, droht, reisst ein Mikro an sich und macht lauthals den Spielsalon schlecht. Kitano selbst reagiert in einer Kneipe auf die Frage eines Gastes „Why not go to work?", indem er ihm eine Flasche auf dem Kopf zertrümmert. Es folgt ein Kampf, der aus verschiedenen Blickwinkeln in jeweils einer Einstellung wiederholt wird. Frauen sind in Kitanos Filmen nur Spielbälle der Männer, nach dem Liebesspiel werden sie schon mal einfach aus dem Auto geworfen oder irgendwo in der Pampa stehen gelassen. Schön sind sie. Wie der rote Ball, mit dem an einem Strand in Zeitlupe Baseball gespielt wird als wären wir in einem Werbefilm.

---

* Automaten-Glücksspiel mit metallischen Kugeln, die gegen Sachpreise eingetauscht werden können, wenn man eine gewisse Anzahl gewonnen hat.

Und immer wieder können wir befreit lachen, wenn etwa ein in einem Blumenstrauß verstecktes Maschinengewehr plötzlich losgeht.

Gibt es einen Menschen, der cooler ist als Schwarze, dann ist es Takeshi „Beat“ Kitano. Sein Image des harten und direkten Draufgängers, dem es an intellektueller Reflexionsfähigkeit zu mangeln scheint, belebt Kitano auch in *Gonin* von Takashi Ishii, der den Abschluss eines Fantasy-Filmfests in Frankfurt markierte. Werden in anderen Filmen Killer als gewiefte und behende Figuren entwickelt, kommt „Beat“ Takeshi gewohnt dumpf daher, wortkarg, zynisch – ohne sich dessen bewusst zu sein –, brutal (die *Leon**sche Moral von „Keine Frauen und Kinder“ ist ihm fremd). Wenn „Beat“ schießt, ballert er so lange, bis sein Gegenüber erledigt ist, und steht dabei unverrückbar und ausdruckslos wie ein Baum. Erwischt es ihn am Ende selbst und muss er sich zum Sterben niedersetzen, offenbart er mit *einem* Satz die trokkene Poesie seiner Seele: „Ich bin müde.“ Takeshi Kitano kämpft in seiner Rolle wie ein Samurai und endet wie ein Zen-Meister.

So auch in *Hana-Bi*. Das Ende hat er seiner Filmgattin nicht verraten, und als sie es dann drehten, brach sie in Tränen aus. Es ist wichtig, den Film im Original (mit Untertiteln) zu sehen, denn Kitano ist ein Nachfahre Chaplins, ein Stummfilmkomiker, der minutenlang Gefühle über Bilder, Gesichtsregungen und Joe Hisaishis wundervolle, klassisch orientierte Musik nährt, die in der Synchro doch tatsächlich durch Worte verkleinert werden, die im Original

---

* *Léon (der Profi)*, Film von Luc Besson über einen Auftragsmörder.

gar nicht vorkommen. *Hana-Mi* heisst in Japan das Picknick, das zur Kirschblütenzeit von Einheimischen so gerne veranstaltet wird. In *Hana-Bi* sind die malerischen Leistungen Kitanos verewigt, Blumen und Blüten, mit denen er die Zeit seiner körperlichen Angeschlagenheit infolge eines schweren Motorradunfalls überbrückte. Damals war ganz Japan emotional betroffen. Denn Kitano ist ein Star, tritt wöchentlich in etlichen TV-Shows auf. Als ich in die japanische Videothek in Frankfurt gehe, um nach Fernsehproduktionen mit ihm zu fragen, werde ich nicht recht verstanden. Mein Gegenüber spricht weder Englisch noch Deutsch. Bei „Beat“ Takeshi klingelt es dann. Sie deutet auf einige Videohüllen und reicht sie mir. Ich sage: „Nein, die Filme kenne ich schon, Tiiwii, you know.“ Sie lächelt verlegen. Da entdecke ich in der Ecke einen kleinen Fernseher. Darin läuft eine Rateshow. Und – bingo! – der Moderator ist Takeshi Kitano. Ich juble. Die Japanerin sagt „Ooh“. Ich erkläre ihr „Brumm, brumm, accident“ und deute ein Gesichtszucken an. Das ist Kitano geblieben infolge des Unfalls, in *Hana-Bi* wirkt es wie ein nervöser Zug. Die Japanerin geht zum Fernseher und legt Takeshi zärtlich ihren Zeigefinger auf die betroffene Gesichtshälfte. Dann wandert ihr Blick in die Ferne. Ich lasse sie allein.

Brother

Darsteller

Yamamoto	Takeshi Kitano
Denny	Omar Epps
Shirase	Masaya Kato
Harada	Ren (Takeshi) Osugi
Ken	Claude (Kuroudo) Maki
Kato	Susumu Terajima
Jay	Royale Watkins
Mo	Lombardo Boyar
Ishihara	Ryo Ishibashi
Sugimoto	James Shigeta
Latifa	Tatyana M. Ali
Polizeichef	Makoto Ohtake
Hanaoka	Koen Okumura
Hisamatsu	Naomasa Musaka
Nachtclub Bardame	Rino Katase
Jinseikai	Tesuya Watari
Minamino	Ren Murakami
Marina	Joy Nakagawa
Dennys Mutter	Wanda-Lee Evans
Roberto	Tony Colitti
Nishida	Koyo Into
Colin	Antwon Tanner
Mafiaboss Rossi	Joseph Ragno
Moose	Brad „The Animal Lesley“

Stab

Buch, Schnitt, Regie	Takeshi Kitano
Produktion	OfficeKitano
	Recorded Picture Company
Produzenten	Masayuki Mori, Jeremy Thomas
Koproduzenten	Ann Carli, Takio Yoshida
Aufnahmeleiter	Shinji Komiya
Kamera	Katsumi Yanagishima
Musik	Joe Hisaishi
Ton	Mitsugu Shiratori
Kostüm-Design	Yohji Yamamoto
Ausstattung	Norishiro Isoda

Das Programm des Angkor Verlages

Yamamoto Tsunetomo: *Hagakure. Der Weg des Samurai (Neuauflage von Mai 2000)*

Die Bibel der Samurai. Zitiert im Film *GHOST DOG*. Amazon-Bestseller. Managementtauglich. (20,-)

Chou Ta-Kuan: *Sitten in Kambodscha. Über das Leben in Angkor im 13. Jahrhundert.*

Wie haben die Khmer im sagenhaften Königreich von Angkor und in seinen überragenden Tempeln gelebt? Es existiert nur dieser eine Bericht eines chinesischen Gesandten und Zeitzeugen, hier wohl zum ersten Mal vollständig ins Deutsche übersetzt. (12,-)

Kosho Uchiyama: *Die Zen-Lehre des heimatlosen Kodo.*

Kosho Uchiyama hat als Schüler und Dharma-Nachfolger von Kodo Sawaki Roshi Aussprüche seines Meisters gesammelt und kommentiert. Tiefe, kernige und zeitlose Weisheit kennzeichnete das Leben Kodos, dessen Schüler Taisen Deshimaru Roshi der wohl bekannteste und wichtigste Zen-Lehrer in Europa wurde. Hier finden wir eine der stärksten aktuellen Zen-Traditionen dieser Welt. (20,-)

Dogen Zenji: *Shobogenzo Band 3. Die Schatzkarmmer des Wahren Dharma*

Klassiker der Zen-Literatur aus dem 13. Jahrhundert. Die beiden ersten Bände erschienen im *Theseus-Verlag*. (39,90)

Suzuki Shosan: *Du wirst sterben! Der Zen-Krieger II.*

Suzuki Shosan war wie der Autor des *Hagakure* zunächst Samurai, bevor er Zen-Mönch wurde. Seine kriegerische Zen-Lehre ist einmalig und stellt die Konfrontation mit dem Tod in den Mittelpunkt. Eine hervorragende Ergänzung und Vertiefung zu *Samurai-Beat. Der Zen-Krieger.* (20,-)